문지애 아나운서의

초등
어휘 일력
365

문지애 지음

북라이프

지은이

문지애
전 MBC 아나운서이자 말하기 전문가인 엄마

2006년 MBC 아나운서로 입사했습니다. 〈MBC 뉴스데스크〉, 〈피디수첩〉, 〈생방송 오늘 아침〉, 라디오 〈푸른 밤 문지애입니다〉, EBS 라디오 〈행복한 교육 세상〉 등을 진행했습니다.
2017년 아들 범민의 엄마가 되었습니다. 아이에게 그림책을 읽어 주다가 그림책의 매력에 푹 빠져 '애tv 그림책학교' 원장이 되었습니다. 더 많은 부모님과 교감하기 위해 활발하게 활동하고 있습니다. 저서로 《고개를 끄덕이는 것만으로도 위로가 되니까》, 역서로 《눈 속에서 춤을》이 있습니다.

• 인스타그램 : iam_jiae

도움 준 이

전범민
어린이의 시선으로 실생활 활용 예시 일기를 쓴 아들

2017년에 태어났고, 현재 초등학교 2학년입니다. 책 읽기를 좋아하고 축구를 사랑합니다. 여섯 살 때부터 인스타그램 '범민 일기'를 통해 매일 세 줄로 하루를 기록하고 있습니다. 매일 쓴 글 덕분에 엄마가 책을 쓰는 데 큰 도움을 줄 수 있었습니다.

• 인스타그램 : bummin_diary

하루 10분, 식탁 대화로 다지는 우리말 기초 체력

오랜 시간 뉴스와 교양 프로그램, 라디오 등을 통해 시청자를 만나 왔습니다. 정갈한 어휘를 사용하고 적재적소에 필요한 표현을 구사 하는 게 저의 일이었죠. 좋은 방송을 위해 다져 온 우리말을 이제는 초등학생이 된 아들에게 하나씩 전해 주고 싶었습니다.

속담, 사자성어, 관용어를 알면 하고 싶은 말을 더욱 풍성하게 표현 할 수 있고, 맞춤법을 익히면 자신의 생각을 정확하게 글로 쓸 수 있 습니다. 말을 잘하고, 글을 잘 쓰는 건 직업을 가리지 않고 필요한 능 력이라는 걸 갈수록 절감합니다. 그러나 그런 능력은 하루아침에 만 들어지지 않습니다. 많이 읽고, 매일 쓰고, 자주 사용해야 내 것이 될 수 있습니다. 그래서 이 일력을 준비했습니다.

하루 10분, 매일 꾸준하고 성실하게 한 가지씩 표현을 익히다 보면 아이는 자연스럽게 다양한 어휘를 습득하게 됩니다. 오늘 배운 표현 은 '세 줄 일기'를 쓰며 실생활 사용법을 연습하면 어느새 우리 아이 의 읽고, 쓰고, 말하는 능력이 몰라보게 향상될 것입니다.

문지애

그림 | 윤상은

대학에서 애니메이션을 전공했고, 현재 일러스트 작가로 활동하고 있다. 지은 책으로 어른들을 위한 그림 에세이 《언니와 나》와 아이들을 위한 그림책 《왕자, 낯선 사람을 조심해!》가 있고, 《초등학생을 위한 교과서 명작 읽기》, 《작은 새들》의 그림을 그렸다.

• **인스타그램 : paper_fly07**

**문지애 아나운서의
초등 어휘 일력 365**

1판 1쇄 인쇄 2024년 9월 13일
1판 1쇄 발행 2024년 10월 4일

지은이 | 문지애
발행인 | 홍영태
발행처 | 북라이프
등 록 | 제2011-000096호(2011년 3월 24일)
주 소 | 03991 서울시 마포구 월드컵북로6길 3 이노베이스빌딩 7층
전 화 | (02)338-9449
팩 스 | (02)338-6543
대표메일 | bb@businessbooks.co.kr
홈페이지 | http://www.businessbooks.co.kr
블로그 | http://blog.naver.com/booklife1
페이스북 | thebooklife
ISBN 979-11-91013-72-6   12590

이렇게 읽어요

사자성어 2일, 관용어 2일, 맞춤법 1일, 속담 2일 순서로
7일을 구성해 다양한 어휘를 골고루 익힐 수 있어요.

❶ 오늘의 어휘
매일 바뀌는 흥미로운 어휘를 재미있고 쉽게 풀어낸
'엄마의 말'을 먼저 소리 내 읽어 보세요!

❷ 그림
그림을 보면서 이해도 쑥쑥! 재미도 두 배!

❸ 범민 일기
친구의 일기를 읽으며 오늘의 어휘를
어떻게 사용하는지 배울 수 있어요.

❹ 확장 어휘
추가 어휘와 헷갈리는 표현 등을
더 알아보세요.

오늘 배운 어휘를 활용해 '세 줄 일기'를 써 보세요.
어휘력, 문해력, 표현력이 쑥쑥! 국어 공부에 자신감이 생길 거예요!

유종지미

끝을 잘 맺어 아름다운 결과를 가져옴을 이르는 말.

有	終	之	美
있을 유	마칠 종	갈 지	아름다울 미

한 해 동안 해 온 많은 일을 마무리하는, 1년 중 마지막 날이에요. 시작보다 더 중요한 것은 끝을 아름답게 맺는 것이겠죠? '유종지미'는 무슨 일이든 끝까지 해내는 자세가 중요하다는 의미를 담고 있어요. 어떤 일을 마무리하기까지 완성도와 집중력, 인내력을 유지해야 함을 강조하는 말이죠. 올해의 유종지미를 거두길 바랍니다.

 범민 일기

2학년이 된다고 했을 때 사실은 조금 걱정을 했다. 하지만 즐겁게 잘해 온 것 같다. 남은 시간도 열심히 해서 유종지미를 거둘 것이다.

확장 어휘

유시유종(有始有終) : 시작한 일을 끝까지 마무리함.

1월

눈은 마음의 거울

눈만 봐도 그 사람의 생각을 읽을 수 있음을 이르는 말.

마음의 상태는 눈을 통해 드러나요. 슬픔과 걱정, 기쁨과 반가운 마음도 눈을 보면 알 수 있죠. 그래서 사람과 사람이 눈을 맞추는 것은 아주 중요하고 아름다운 일이에요. 상대의 마음을 그대로 느낄 수 있는 순간이기 때문이죠.

범민 일기

엄마와 나는 10초 동안 서로를 바라보는 '눈 뽀뽀'를 자주 한다. 아무 말도 하지 않지만 눈으로 많은 말을 전한다. 엄마가 내 눈을 보면서 '범민아, 사랑해'라고 말하는 것 같다. 눈은 마음의 거울이라는 걸 나는 느낀다.

작심삼일

굳게 먹은 마음이 3일을 가지 못한다.

作	心	三	日
지을 작	마음 심	석 삼	날 일

결심이 사흘을 못 가 흐지부지되는 경우를 말해요. 어제 사탕이나 초콜릿을 먹지 않겠다고 다짐했는데 오늘 달콤한 탕후루 앞에서 굳은 결심이 무너지는 것처럼요. 단단히 마음을 먹고 행동을 시작하는 것도 중요하지만 꾸준히 실천하는 의지력도 필요합니다. 우리에게 반드시 필요한 건 시작하는 용기와 견뎌 내는 끈기라는 걸 기억하세요.

범민 일기

내 취미는 포켓몬 카드 모으기다. 엊그제 포켓몬 카드를 그만 모으겠다고 결심했는데, 오늘 또 한 장을 사고 말았다. 이것이 바로 **작심삼일**이다.

확장 어휘

순우리말로 1일은 하루, 2일은 이틀, 3일은 사흘, 4일은 나흘.

12월
29일

빛 좋은 개살구

겉만 그럴싸하고
실속은 없음을 이르는 말.

개살구는 빛깔은 먹음직스럽지만 시고 떫은맛이 난다고 해요. 마찬가지로 사람도 겉모습만 보고 판단하는 것은 어리석은 일이에요. 외모는 그럴듯해 보여도 내실이 없는 사람도 있으니까요. 겉만 화려한 가짜 모습은 금방 들켜 버리기 마련이랍니다.

범민 일기

아빠는 나에게 ~하는 척하지 말라고 말한다. 아는 척, 하는 척하다 보면 겉만 그럴듯한 사람이 된다고. 모르는 건 모른다고 말하고, 진짜 아는 사람이 되는 게 중요하다고 했다. 빛 좋은 개살구가 되지 말아야겠다.

금시초문

소식이나 소문을 처음 듣다.

今	時	初	聞
이제 금	때 시	처음 초	들을 문

몰랐던 이야기를 처음 알게 되었을 때 이 표현을 사용해요. 생각지도 못한 소식이나 정보를 들으면 깜짝 놀라게 되죠? 들은 적이 없는 것 같은데 오늘 까지 숙제를 내야 한다는 걸 알게 된 순간, 우리는 무척 당황스러운 얼굴로 "금시초문인데?"라고 말할 수 있어요. 놀라움과 궁금함이 섞인 표현이에요.

범민 일기

할머니가 말씀하셨다. 우리 동네 70세 중에 자기가 제일 예쁘다고. 그런 가? 나는 **금시초문**이다.

확장 어휘

풍문(風聞) : 바람처럼 떠도는 소문.

안성맞춤 vs 안성마춤

'어떤 상황에 어울리거나 들어맞다'는 뜻의 '안성맞춤'.

요구하거나 생각한 대로 일이 딱 맞춰질 때 '안성맞춤'이라고 해요. 여기서 '맞춤'은 '맞추다'에서 파생된 명사형이죠. 발음이 같아 표기할 때 헷갈리는 경우가 많은데요. '안성마춤'은 없는 말이랍니다. "이 옷은 너에게 안성맞춤 이야!"처럼 어떤 조건과 상황이 잘 들어맞음을 비유하는 말입니다.

범민 일기

나는 옷 사는 걸 싫어한다. 입어 보고 평가받는 게 귀찮다. 나에게 안성맞 춤인 옷은 오직 체육복이다. 체육복이 가장 편하고 가볍다. 나에게 딱 들어 맞는다.

확장
어휘

들어맞다: 정확히 맞다. 드러맞다(×)

뜨거운 맛을 보다

견디기 힘든 어려움을 겪는 경우를 이르는 말.

산책하다 만난 아기 고양이가 귀여워서 쓰다듬으려고 했는데 '그르릉' 소리를 내며 달려들었어요. 온순했던 표정이 순식간에 바뀌는 걸 보고 얼마나 놀랐는지 몰라요. 그 뒤로 저는 고양이만 보면 무서워서 도망을 가요. 아주 뜨거운 맛을 본 셈이죠. 이런 일을 겪으면 누구든 다음부터는 무척 조심하게 될 거예요.

범민 일기

아빠는 가끔 갑자기 내 눈앞에 나타나서 깜짝 놀라게 하는 장난을 친다. 복수의 칼을 갈고 있던 어느 날, 낮잠 자는 아빠에게 똥침을 날렸다. 아주 뜨거운 맛을 보았을 거다.

확장
어휘

경계심(警戒心) : 미리 주의해 조심하는 마음.

코 묻은 돈

어린아이가 가진 적은 액수의 돈을 이르는 말.

콧물을 흘릴 정도의 어린아이가 갖고 다니는 적은 액수의 돈을 뜻하는 말이에요. 코흘리개 아이들이 생일에, 명절에, 엄마 심부름을 한 후에 한 푼 두 푼 받아 어렵게 모은 용돈을 의미하죠. 또는 어린아이들이 힘들게 번 돈을 뜻하기도 해요. 무척 가난했던 옛날에는 먹고살기 위해 어쩔 수 없이 돈을 벌어야 했던 어린아이들이 많았기 때문에 생겨난 말이에요.

범민 일기

내가 조금씩 모은 용돈은 저금통에 넣는다. 저금통이 꽉 차면 은행에 가서 저금을 한다. 이렇게 모은 내 돈은 자꾸만 아빠 지갑으로 들어간다. 아들의 코 묻은 돈을 쓰고 싶을까?

확장
어휘

눈먼 돈 : 애쓰지 않았는데 우연히 생긴 돈 또는 주인이 없는 돈.

입에 달고 다니다

같은 말을 습관처럼 반복해 사용하는 것을 이르는 말.

어떤 말이나 이야기를 계속 되풀이하는 습관을 표현하는 말이에요. 누군가는 "심심해"를 입에 달고 살고, 누군가는 "배고파"를 입에 달고 다니죠. 또는 먹을 것을 쉴 새 없이 입에 넣는 사람에게도 이 표현을 쓰는데요. 과자를 입에 달고 다니는 사람은 밥을 맛있게 먹을 수 없겠죠? 뭐든 지나치면 좋은 습관이라고 할 수 없어요.

 범민 일기

나는 "엄마"를 입에 달고 다닌다. 엄마가 옆에 있어야 마음이 편하다. 그래서 계속 엄마를 부른다.

확장
어휘

입버릇 : 입에 배어 있는 말버릇 또는 음식을 먹는 습관.

손이 크다

돈이나 물건을 다루는 씀씀이가 크고 후함을 이르는 말.

이 말은 손의 실제 크기가 크다는 뜻은 아니에요. 음식을 할 때 양을 충분하게 만들거나 물건을 살 때 씀씀이가 큰 사람에게 사용하는 말이죠. 물건이나 돈, 마음을 충분하게 쓴다는 의미를 담고 있으니, 인심이 후하고 잘 베푼다는 뜻도 되겠죠?

범민 일기

우리 할머니가 얼마나 손이 큰지는 장을 볼 때 알 수 있다. 과일도 듬뿍, 고기도 가득, 채소도 많이 골라 담아서 장바구니가 끊어질 것 같다. 키는 작은데 손은 크다.

확장
어휘

손에 땀을 쥐다 : 아슬아슬해 마음이 긴장되고 떨리다.

바람 vs 바램

어떤 일이 이뤄지길 기다리는 간절한 마음.

vs 햇볕이나 습기로 인해 색이 변하는 현상.

'바람'과 '바램'은 비슷하게 생겼지만 의미가 달라요. 헷갈리기 쉬운 단어들인 만큼 정확하게 알아 두면 좋겠죠? "이 책을 통해 여러분의 맞춤법 공부가 쉬워지길 바라요." 이게 '바람'이고요. "엄마, 빨래를 햇볕에 너무 오래 말렸더니내가 아끼는 청바지 색이 바랬어." 이럴 때 '바램'을 씁니다.

범민 일기

나는 달을 보며 기도했다. "외할아버지가 돌아오게 해 주세요." 엄마의 바람이 나의 바람이다. 외할아버지가 살아 돌아오신다면 모두 기쁠 거다. 엄마, 아빠, 할머니, 이모가 기쁘면 나도 기쁘다.

확장
어휘

실현(實現) : 꿈이나 기대가 실제로 이루어짐.

희로애락

기쁨과 분노, 슬픔과 즐거움의 네 가지 감정.

喜	怒	哀	樂
기쁠 희	성낼 로	슬플 애	즐거울 락

사람이라면 누구나 살아가면서 여러 가지 감정을 느껴요. 같은 상황에 처하더라도 서로 다른 기분과 감정을 느낄 수 있죠. 그 기쁨, 분노, 슬픔, 즐거움이 바로 희로애락이에요. 인생을 살다 보면 갖가지 형태의 복잡한 감정이 우리를 성장시키기도 해요. 우리 삶에는 이 네 가지 감정이 늘 함께한답니다.

범민 일기

가끔 책을 읽거나 영화를 볼 때 눈물이 난다. 주인공의 이야기가 안타깝거나 너무 아름다워서 감동적이기 때문이다. 나는 주인공의 희로애락이 다 느껴진다. 엄마는 감정이 풍부한 건 좋은 거라고 말해 주었다.

확장 어휘

희비(喜悲) : 기쁨과 슬픔.

1월

6일

시작이 반이다

첫발을 내딛는 것의 중요성을
강조하는 말.

무슨 일이든 처음 시작하기는 어려워요. 하지만 일단 시작하면 걱정만큼 어렵지는 않을 거예요. 매일 아침 7시에 일어나 줄넘기로 하루를 시작하는 게 처음엔 쉽지 않겠지만 하루 이틀 하다 보면 할 만해지거든요. 시작을 했다면 이미 절반은 성공이에요.

범민 일기

새해가 되었다. '하루에 책 세 권 읽기'가 새해 목표지만 걱정이 앞선다. 그런 나에게 엄마는 시작이 반이라며 용기를 주었다. 일단 책을 펼쳤으니, 성공까지는 절반밖에 남지 않았다.

학수고대

학처럼 목을 길게 빼고 애타는 마음으로 간절하게 기다리다.

鶴	首	苦	待
학 학	머리 수	쓸 고	기다릴 대

학처럼 머리를 길게 빼고 목이 빠지도록 원하는 바를 애타게 기다린다는 의미를 담고 있어요. 이는 사람, 목표, 꿈을 향한 간절함이 될 수도 있죠. 원하는 선물을 상상하면서 산타 할아버지를 기다리는 오늘 밤에 가장 잘 어울리는 표현이에요.

범민 일기

드디어 오늘 밤이 되었다. 너무 설레서 잠도 오지 않는 크리스마스이브다. 착한 어린이가 되려고 노력했기 때문에 선물을 받을 자격이 있다고 생각한다. 학수고대하며 1년을 기다렸다. 부디 내일 아침에 게임 칩이 내 옆에 놓여 있으면 좋겠다.

**확장
어휘**

갈민대우(渴民待雨) : 무척 간절한 기다림.

울며 겨자 먹기

하기 싫은 일을
억지로 마지못해 하는 것을 이르는 말.

매운 겨자를 울면서까지 먹는다니 얼마나 괴로울까요? 하고 싶은 일만 하며 살 수 있다면
참 좋겠지만 그럴 수는 없잖아요. 어차피 해야 하는 일이라면 마음을 다르게 가져 보세요.
즐겁게 하다 보면 하기 싫은 마음도 조금은 누그러질 거예요.

범민 일기

학교를 마치고 집에 돌아오면 꼭 해야 하는 게 있다. 수학 문제집 다섯 장,
국어 문제집 두 장 풀기. 해야 할 일을 하지 않으면 나는 자유를 얻을 수 없
다. 그래서 울며 겨자 먹기로 매일 문제집을 푼다. 너무 맵다.

개밥에 도토리

**무리에 어울리지 못하고
따돌림당하는 사람을 이르는 말.**

개밥에 도토리를 섞어 줘도 개는 도토리를 먹지 않아요. 밥그릇에 도토리만 덩그러니 남겠죠. 이렇게 무리에 어울리지 못하고 홀로 떨어져 외롭게 있는 사람을 비유하는 말이에요. '낙동강 오리알', '꾸어다 놓은 보릿자루'도 같은 의미로 쓰입니다.

 범민 일기 친구들이 놀이터에 나오지 않은 날은 사촌 누나를 따라다닌다. 누나의 친구들은 자기들끼리만 놀려고 해서 나는 개밥에 도토리 같은 신세가 될 때도 있다. 나도 좀 끼워 줬으면 좋겠다.

만장일치

모든 사람의 의견이 완전히 같다.

滿	場	一	致
찰 만	마당 장	한 일	이를 치

수많은 사람이 다양한 생각과 모습으로 살아갑니다. 때문에 모두가 뜻을 같이하는 만장일치는 불가능할 때가 대부분이죠. 그렇다고 속상해할 필요는 없어요. 많은 사람이 찬성하는 쪽을 따르는 '다수결의 원칙'이 있으니까요. 만장일치로 외식 메뉴가 결정되지 않을 때 다수결의 원칙에 따라 민주적으로 해결하는 게 어떨까요?

범민 일기

우리 엄마는 책은 원하는 만큼 사라고 한다. 하지만 어떤 책을 살지는 가족회의를 해야 한다. 〈셜록 홈즈〉 시리즈를 사고 싶었는데, 우리 가족의 **만장일치**로 여섯 권이나 샀다.

확장
어휘

전원일치(全員一致) : 참가한 사람의 의견이 모두 같음.

고양이한테 생선을 맡기다

믿지 못하는 사람에게 어떤 일을 맡기고
마음이 놓이지 않아 걱정함을 이르는 말.

고양이는 생선을 무척 좋아해요. 그런 고양이에게 생선을 맡겼다면 기분이 찜찜할 수밖에 없겠죠. 고양이가 좋아하는 생선을 먹어 버릴까 봐 걱정이 될 테니까요. 믿지 못하는 사람에게 일을 맡기고 걱정할 때 이 속담을 사용합니다.

범민 일기

할아버지는 참이슬을 좋아한다. 얼마 전에는 할머니가 여행을 갔는데 혼자 남은 할아버지가 참이슬을 많이 마셨다고 한다. 여행을 다녀온 할머니는 할아버지에게 화를 내며 "고양이한테 생선을 맡기지"라고 말했다.

갑론을박

여러 사람이 서로 자신의 의견을 내세우며 상대와 토론하다.

甲	論	乙	駁
갑옷 갑	논할 론	새 을	논박할 박

어린이의 출입을 막는 '노키즈존'에 대해 어떻게 생각하나요? 다른 손님들의 방해받지 않을 권리라는 의견과 어린이에 대한 차별이라는 생각이 충돌해 갑론을박이 벌어지고 있습니다. 양쪽 의견 모두 이해되기 때문에 더욱 어려운 문제가 아닐까 싶어요. 갑론을박의 다양한 논의 끝에 현명한 해법이 나오기를 기대합니다.

범민 일기

내가 아빠를 "아빠"라고 안 부르고 별명으로 부르는 것에 대해 우리 가족끼리 **갑론을박**하고 있다. 별명을 부르면 친구처럼 느껴져서 좋지만 버릇이 되면 예의 없는 아이로 보일 수 있다는 것이다. 아빠 별명은 '파랑 돼지'다.

확장
어휘

논쟁(論爭)하다: 서로 다른 의견을 말이나 글로 다투다.

로서 vs 로써

지위나 신분, 자격을 나타냄.
vs 어떤 일의 수단이나 도구, 재료를 나타냄.

예를 들어 설명해 볼까요? "엄마로서 하는 말을 잘 듣거라"에서 엄마처럼 지위와 자격을 의미하는 말에는 '로서'를 씁니다. 역할과 신분을 나타낼 때는 이처럼 '로서'를 사용하죠. 반면 특정한 수단이나 방법을 나타낼 때는 '로써'를 써요. "쌀로써 떡을 만든다"처럼 말이죠.

범민 일기

아직은 어린 아들로서 엄마를 기쁘게 해 줄 수 있는 게 무엇일까 생각해 보았다. 돈은 은행에 있고, 말로써 표현하기는 부끄럽다. 편지가 답이었다. 편지로써 크리스마스에 내 마음을 전달할 거다.

확장
어휘

함으로써(○) : 하므로써(×), 하므로서(×), 함으로서(×)

오금이 저리다

잘못이 들통날까 봐 마음을 졸이는 것을 이르는 말.

무릎 관절 안쪽의 오목한 부분이 오금이에요. 두려움과 공포가 밀려올 때 다리가 후들후들 떨리는데, 그걸 '오금이 저린다'라고 표현해요. 특히 거짓으로 감췄던 잘못이 들통날까 봐 마음이 조마조마할 때 이 표현을 쓰죠. 거짓말을 되돌릴 수 있는 방법은 오직 솔직함뿐이라는 걸 기억하세요.

범민 일기

할머니가 무슨 선물을 받고 싶은지 물으셨다. 나는 포켓몬 카드 다섯 팩을 사 달라고 했다. 엄마한테는 세 팩만 샀다고 말했다. 그러자 엄마가 내 눈을 가만히 쳐다보았다. 나는 오금이 저렸다.

확장
어휘

오금을 못 쓰다: 마음이 끌리거나 두려워 꼼짝할 수 없다.

귀가 가렵다

남이 나에 대해 말하고 있다고 느끼는 것을 이르는 말.

'누가 내 얘기를 하나?' 옛날부터 귀가 가려우면 다른 사람이 나에 대해 말을 하고 다니는 징조로 여겼어요. 친구들끼리 모여 있는 무리에 내가 다가갔을 때 갑자기 조용해진다거나 하면 이 표현을 쓸 수 있겠죠? "어쩐지 귀가 가렵다 했더니 내 이야기를 하고 있었던 거야?" 하고 물어서 능청스럽게 경고를 날릴 수 있어요.

범민 일기

나는 귀 파는 것을 싫어하는데 오늘은 귀가 가려워 엄마에게 파 달라고 했다. 귀지가 시원하게 나왔는데도 계속 귀가 가려운 걸 보니 누군가 내 흉을 보고 있는 것이 확실하다.

확장
어휘

귀가 솔깃하다: 어떤 말에 관심이나 생각이 쏠리다.

국수를 먹다

결혼식을 올리는 것을 이르는 말.

신랑 신부가 결혼식에 참석한 손님들에게 국수를 대접하는 문화에서 비롯된 표현이에요. 결혼을 앞둔 사람에게 "언제 국수 먹여 줄 거야?"라고 묻는 것은 결혼식을 언제 하느냐는 질문과 같죠. 지금은 결혼식 음식이 많이 달라졌지만 요즘도 일부 결혼식에서는 푸짐한 국수를 대접하기도 한답니다.

 범민 일기

엄마를 따라 결혼식에 갔다. 야외에서 고기와 해산물을 먹었다. 아빠를 따라 결혼식에 갔을 때는 안심 스테이크가 나왔다. 결혼식에서 국수를 먹은 적이 없는데 왜 그런 말을 사용하는 걸까? '국수를 먹다'라는 표현은 '스테이크를 먹다'로 바꿔야 하지 않을까?

확장
어휘

깨가 쏟아지다: 사이가 좋아 오붓하거나 아기자기하게 살다.

등을 떠밀다

어떤 일을 하도록 계속 부추기는 상황을 이르는 말.

누군가 어떤 일을 하도록 강요하면서 억지로 시킨다는 뜻을 담고 있어요. 뒤에서 앞 사람의 등을 떠밀면 어쩔 수 없이 밀려 앞으로 가게 되죠. 이처럼 원하지 않는 일을 강제로 해 보라고 부추기는 것을 '등을 떠민다'라고 해요. 예를 들어, 학예회 때 반을 대표해서 장기자랑 할 사람을 뽑을 때 누군가 나가기 싫은 나를 추천한다면 이 표현을 쓸 수 있겠죠.

 범민 일기

축구 선수 손흥민 형의 리더십은 대단하다. 그동안 골을 넣지 못했던 동료 선수가 골을 넣자 등을 떠밀어 스포트라이트를 받게 했다. 나도 손흥민 형처럼 친구가 잘됐을 때 박수쳐 줄 수 있는 멋진 사람이 되고 싶다.

확장
어휘

강목수생(剛木水生) : 상대에게 무리하게 요구함.

가르치다 vs 가리키다

모르는 것을 알게 해 주다.

vs 손가락 등으로 방향이나 대상을 알리다.

'가르치다'와 '가리키다'는 비슷하게 생겼지만 완전히 다른 뜻의 표현입니다. 선생님이 학생에게 지식을 알려 주는 걸 '가르치다'라고 하고, 방향이나 대상을 집어서 말할 때 '가리키다'라고 해요. 선생님의 손가락이 '가리킨' 칠판을 집중해서 보면 선생님의 '가르침'이 머릿속에 남겠죠?

범민 일기

나는 좋아하는 선생님이 많다. 자스민 선생님은 사랑으로 **가르쳐** 주시고, 최보람 선생님은 내가 모르는 것을 친절하게 **가르쳐** 주신다. 이정빈 선생님은 예뻐서 좋다.

확장
어휘

가리치다(x), 가르키다(x)

이실직고

사실을 그대로 솔직하게 말하다.

以	實	直	告
써 이	열매 실	곧을 직	알릴 고

사실을 있는 그대로 정직하게 알리는 것은 무척 중요해요. 사람 사이의 진정한 소통을 가능하게 하고 진실한 관계를 맺게 해 주거든요. 내가 잘못을 했더라도 거짓과 숨김 없이 모두 솔직하게 털어놓는다면 잘못을 용서받을 기회를 얻을 수도 있어요. 꼼수보다 더 강력한 힘이 이실직고에 있습니다.

범민 일기

숙제를 다 하지 못하고 선생님을 만났다. 선생님은 왜 숙제를 다 하지 못했는지 궁금해하셨다. 어떤 말을 해야 덜 혼날까, 고민하다가 이실직고하기로 마음먹었다. 피곤하고 하기 싫어서 못 했다고 솔직하게 말했다. 선생님은 그런 날도 있다며 다독여 주셨다.

확장 어휘

이실고지(以實告之) : 사실을 그대로 고하다.

낮말은 새가 듣고
밤말은 쥐가 듣는다

말은 결국 새어 나가
누군가의 귀에 들어감을 이르는 말.

듣는 이가 없는 것 같아도 낮에는 새가, 밤에는 쥐가 듣고 있다는 이야기예요. '말조심'의 중요성을 강조하는 속담이죠. 남을 흉보는 말, 해서는 안 될 말은 되도록 하지 않는 것이 좋아요.

범민 일기

엄마 아빠의 비밀을 이모에게 이야기했다. 가족이니까 괜찮을 것 같았다. 그런데 이모가 낮말은 새가 듣고 밤말은 쥐가 듣는다며 조심하라고 했다. 하지만 나는 이미 비밀을 다 이야기해 버렸다.

막역지간

서로 거스르지 않는, 허물없이 아주 가까운 진정한 친구 사이.

莫	逆	之	間
없을 막	거스를 역	갈 지	사이 간

체면을 차리지 않아도 되는 가깝고 진정한 친구 사이를 이르는 말이에요. 깊은 믿음과 이해를 바탕으로 서로를 아끼는 사이랍니다. 가까운 사이라 하더라도 다툴 수 있고, 친구에게 실수를 하는 경우도 있어요. 그러나 막역지간의 친구라면 흔들리지 않고 조건 없이 서로를 아껴 주죠. 그러니 무척 귀하고 소중한 존재인 겁니다.

범민 일기

내가 가장 처음 사귄 친구는 준수다. 준수는 마음이 넓어서 좋다. 준수와 나는 서로가 미운 순간이 없는 것 같다. 진정한 막역지간인 것이다. 우리는 오래 좋은 친구가 될 것 같다.

**확장
어휘**

막역지우(莫逆之友) : 서로 거스르지 않는, 허물없이 편한 친구.

작은 고추가 더 맵다

**몸집이 작은 사람이
더 야무지고 강함을 이르는 말.**

보이는 게 다가 아니에요. 작고 왜소해 보여도 빠르고, 단단하고, 뛰어난 재능을 가진 사람이 많거든요. 파리 생제르맹의 이강인 선수보다 체격이 큰 선수는 많지만 그보다 빠른 스피드와 뛰어난 실력을 갖춘 선수는 많지 않잖아요.

범민 일기 할머니가 내 뒤를 따라다니며 잔소리를 하신다. 방 치워라, 사탕 먹지 마라, 티비는 조금만 봐라. 참다못해 내가 말했다. "할머니! 내가 어리다고 우습게 보지 마세요. 작은 고추가 더 맵다고요." 역시 나는 강하다.

속 빈 강정

**겉만 그럴 듯하고
실속은 없음을 이르는 말.**

강정은 예로부터 우리 조상들이 즐겨 온 과자의 한 종류인데요. 먹음직스럽고 큼직하게 생겼지만 속이 텅 비어 있어요. 잔뜩 기대를 하고 한입 물면 속은 아무것도 없어 당황스럽죠. 이처럼 겉만 그럴듯하고 내실이 없는 경우를 일컬어 '속 빈 강정'이라 말해요.

나는 책 읽는 걸 좋아한다. 만화책도 좋아하고 소설책도 좋아한다. 엄마는 내가 책을 많이 보면 칭찬을 해 준다. 책도 많이 사 준다. 책을 많이 읽어야 속 빈 강정이 되지 않는다고도 말했다. 그런데 정작 엄마는 책을 많이 보지 않는 것 같다.

동병상련

어려운 처지에 있는 사람끼리 서로를 불쌍히 여겨 돕는다.

同	病	相	憐
한가지 동	병 병	서로 상	불쌍히 여길 련

같은 병을 앓는 사람끼리 서로를 더 깊이 이해하고 안타깝게 여긴다는 뜻이에요. 열심히 준비한 시험인데 성적이 기대한 만큼 좋지 않을 때 서로를 동병상련의 마음으로 이해한다면 힘든 마음에 큰 위로가 되겠죠? 동병상련으로 주변 사람들을 따뜻하게 대하는 사람이 많아질 때 우리가 사는 세상도 더 아름다워질 거예요.

범민 일기

엄마는 내가 너무 예쁘다고 한다. 나를 '보물'이라고 부르고, 귀한 아이라고 말한다. 엄마의 어릴 때 모습과 닮아서 더 잘해 주고 싶다고 했다. **동병상련인가 보다.**

확장
어휘

동고동락(同苦同樂) : 고통과 즐거움을 함께 나누다.

가뭄에 단비

**애타게 기다리고 바라던 일이
마침내 이루어짐을 이르는 말.**

쌀이 주식인 우리는 벼농사를 많이 짓습니다. 벼를 심고 기르려면 많은 물이 필요해요. 그래서 오랫동안 비가 오지 않으면 중요한 벼농사를 망쳐 버리게 되죠. '가뭄에 단비'는 비가 오지 않아 곡식이 다 말라 갈 때 기다리던 비가 내린다는 뜻입니다. 정말 기쁘고 반가운 일이겠죠?

범민 일기 · 잠을 자기 전에는 늘 목이 마르다. 분명히 물을 마시고 누웠는데 또 목이 마르다. 그럴 때 나는 물 담당 아빠를 부른다. 시원한 물을 마시면 곧 잠이 온다. 아빠가 떠다 준 물은 가뭄에 단비 같다.

1월
16일

궁여지책

매우 궁한 상태에서 짜낸 꾀.

窮	餘	之	策
다할 궁	남을 여	갈 지	꾀 책

문제를 해결할 수 있는 최고의 방법이 있다면 고민 없이 선택하면 됩니다. 하지만 늘 최고의 방법이 있는 건 아니잖아요. 쓸 수 있는 모든 방법을 다 쓰고, 겨우 막다른 골목에서 벗어나기 위해 선택하는 마지막 방법은 조금 초라하기 마련이죠. 시험 준비를 미리 해 두지 않으면 궁여지책으로 밤을 새우며 공부해야 할 수도 있으니, 조심하세요!

범민 일기

내가 여섯 살 때 실수로 아빠 얼굴을 때렸다. 화가 난 아빠는 나를 방으로 데려가 혼내기 시작했다. 오줌이 마려워 벗어나고 싶었는데 방법이 없었다. 나는 **궁여지책**으로 바지에 오줌을 싸 아빠에게서 벗어났다.

확장 어휘

고육지책(苦肉之策) : 피해를 무릅쓰고 어쩔 수 없이 택한 방법.

납작하다 vs 납짝하다

'판판하고 얇으면서 좀 넓다'라는 뜻의 '납작하다'.

널찍하고 평평한 데다 얇은 모양으로 생긴 것을 '납작하다'라고 표현해요. 발음이 '납짜카다'로 나는데, 그래서 '납짝하다'로 잘못 쓰는 경우가 많죠. 하지만 '납짝하다'는 없는 말이에요. 예를 들어 볼게요. "얼마 전에 그릇을 하나 샀는데, 납작한 접시예요. 과일이나 떡처럼 국물이 없는 간식을 담기에 좋아 구매했습니다"와 같이 쓰여요.

범민 일기

"납작한 코, 높아져라!" 노래하면서 엄마는 내 코를 손으로 열 번 꼬집는다. 아무리 봐도 다 잘생겼는데 납작한 코가 아쉽다. 코를 파서 그런가?

확장
어휘

널찍하다 : 꽤 너르다. 넓직하다(×)

얼굴이 두껍다

부끄러움을 모르고 뻔뻔함을 이르는 말.

미안해할 줄 알고 고마워할 줄 아는 것은 살아가는 데 무척 중요한 자세예요. 이런 마음을 우리는 '양심'이라고 해요. 잘못한 일이 있을 때 부끄러워 얼굴이 붉어지고, 반성하며 뉘우치는 것은 양심이 있기 때문이죠. 이와는 반대로 잘못을 하고도 부끄러운 줄 모르고 도리어 뻔뻔하게 행동하는 사람을 '얼굴이 두껍다'라고 말해요.

범민 일기

나의 취미는 체스다. 엄마는 나의 상대가 안 되고 아빠는 나와 실력이 비슷하다. 어쩌다 한 번 나를 이기고 자신만만하게 구는 엄마는 얼굴이 두껍다는 생각이 든다. 얼굴에 살도 많아서 더 두꺼워 보인다.

확장
어휘

후안무치(厚顔無恥) : 얼굴 가죽이 두꺼워 부끄러움을 모름.

콧등이 시큰하다

감격하거나 슬퍼서 눈물이 나려고 한다.

어떤 일에 감동을 받거나 슬퍼서 눈물이 나려고 할 때 코가 찡하고 저려 오면서 눈물이 핑 돌아요. 이를 '콧등이 시큰하다'라고 표현하죠. '코끝이 찡하다'라는 말로 바꿔 쓸 수도 있어요. 무척 차가운 바람을 맞았을 때 코가 저릿한 느낌과 비슷하죠. 오랫동안 보지 못한 가족을 만났을 때, 부모님의 나이 든 모습을 실감할 때 이 표현을 쓰곤 합니다.

범민 일기

엄마가 짜증을 내면 나를 소중하게 여기지 않는 것 같은 기분이 든다. 그럴 때마다 나는 조용히 방에 들어가 이불을 쓰고 눕는다. 그러면 콧등이 시큰하면서 눈물이 난다. 서운해서 그렇다.

확장
어휘

콧등이 시다: 매우 아니꼽다.

뜸을 들이다

**어떤 일이 잘 이루어지도록 일정한 상태에서
충분히 무르익게 함을 이르는 말.**

음식을 할 때 열을 가해 조리하다 뚜껑을 닫고 한참 기다리기도 하는데, 이를 뜸을 들인다고 해요. 뜸을 들이면 재료 속까지 골고루 잘 익어요. 서두르지 않고 생각하면서 말할 때도 이 표현을 써요. 또 계획한 일을 쉬어 가며 천천히 하는 것도 뜸을 들이는 거예요. 저는 급하게 가는 것보다 느리더라도 충분히 무르익는 시간을 들이는 것을 더 좋아한답니다.

범민 일기 아빠는 화장실에 들어가 똥을 쌀 때 시간이 오래 걸린다. 이것도 뜸을 들이는 것일까?

확장
어휘

꾸물거리다: 매우 느리게 행동하다.

눈이 높다

무언가를 평가하는 기준이 높음을 이르는 말.

남들에 비해 사람이나 사물에 대한 안목이 높을 때 '눈이 높다'라는 표현을 씁니다. 사람들 모두가 맛있다고 하는데 그렇지 않은 것 같을 때, 혹은 다들 잘생겼다고 하는데 어디가 잘 생겼는지 모르겠을 때 "너는 눈이 높구나"라는 말을 들을 수 있습니다. 정도 이상의 좋은 것을 찾는다면, 이 표현이 어울리겠죠?

범민 일기

아빠는 젊었을 때 눈이 높았다고 말한다. 그래서 엄마를 만날 수 있었다고 한다. 자신이 눈이 높지 않았으면 엄마가 아닌 다른 사람도 좋아했을 텐데 엄마만 좋았다고 했다. 그게 과연 눈이 높은 건가? 나는 도무지 모르겠다.

확장
어휘

깐깐하다 : 행동이나 성격이 까다로울 만큼 빈틈이 없다.

건네다 vs 건내다

'건네다'가 물건이나 돈을 전한다는 의미.

'건네다'는 여러 가지 의미를 담고 있어요. 그래서 자주 사용하는 말이지만 잘못 쓰이는 경우도 많죠. 먼저 물건이나 돈을 옮긴다는 뜻으로 가장 널리 쓰이고요. 남에게 말을 붙인다, 무엇을 사이에 두고 맞은편으로 가게 한다는 의미로도 쓰여요. '건내다'는 틀린 표기이므로 잊어 버려도 됩니다.

범민 일기

아침에 친구가 나에게 젤리를 건넸다. 하지만 젤리를 먹으면 이가 썩을 것 같아 다시 친구에게 건넸다. 엄마는 친구에게 돌려줬어도 고맙다는 인사는 하는 게 좋았을 것 같다고 했다. 생각해 보니 친구의 마음을 거절한 것 같아 조금 미안하다.

확장
어휘

보내다: 사람이나 물건을 다른 곳으로 가게 하다. 보네다(×)

감지덕지

과분하게 느껴져 깊이 고맙게 여기다.

感	之	德	之
느낄 감	갈 지	덕 덕	갈 지

매우 고맙게 여길 때 쓰는 말이에요. 우리가 느끼는 감사함과 감동을 표현할 때 사용하죠. 누군가에게 감동을 받을 만큼 큰 도움을 받았다면 혼자만 고마움을 느끼는 것이 아니라 상대에게 표현하는 것도 무척 중요해요. 일상생활에서도 이 표현을 자주 쓴다면 친구와 더 좋은 관계를 만들 수 있지 않을까요?

범민 일기

일본에 다녀온 아빠가 선물 하나만 달랑 사 왔다. 시간이 많지 않아서 선물을 많이 못 사 왔다는 아빠에게 나는 이것도 감지덕지라고 말했다. 혹시 산타 할아버지를 의식한 말이냐고 아빠가 물었다. 내 마음을 들킨 것 같다.

**확장
어휘**

감개무량(感慨無量) : 고마움과 감동이 헤아릴 수 없을 정도로 크다.

까마귀 날자 배 떨어진다

우연히 동시에 일이 일어났는데 어떤 관계가 있는 것처럼
의심을 받아 곤란한 상황을 이르는 말.

까마귀는 하늘을 날았을 뿐인데 배나무에서 배가 뚝 떨어졌어요. 그걸 본 사람들은 까마귀가 배를 건드려서 떨어진 줄 안 거죠. 그저 우연히 일어난 일인데 말이에요. 아무 상관도 없는 일이 어쩌다 동시에 일어나 억울한 의심을 받을 때 쓰는 말이랍니다.

범민 일기

자전거를 타다가 코너를 막 돌려는데 옆에서 씽씽이를 타던 아기가 혼자 넘어졌다. 엄마는 "범민아, 아기 있으니까 조심해야지!"라고 소리쳤다. 억울했다. 이거야말로 까마귀 날자 배 떨어진 것이다.

만고불변

오랜 세월이 지나도 절대 변하지 않는다.

萬	古	不	變
일만 만	옛 고	아닐 불	변할 변

아무리 시간이 지나도 변함없이 항상 같은 상태를 유지한다는 의미입니다.
즉, 어떤 원리나 가치처럼 시대를 초월해 절대로 변하지 않는 것을 뜻해요.
사랑, 믿음, 자유가 시간이나 장소, 상황과 관계없이 인간에게 필요하다는
건 언제 어디서든 마찬가지겠죠? 이는 만고불변의 진리일 테니까요.

범민 일기

아빠의 별명은 '파랑 돼지'다. 언제나 파랑 잠옷을 입는 데다 살도 많이 쪄
서 그렇다. 옛날 사진을 봤는데 거기서도 아빠는 파랑 바지를 입고 있었다.
파랑 바지는 아빠에게 **만고불변**의 법칙인가 보다.

**확장
어휘**

영구불변(永久不變) : 아주 오랜 세월 동안 변하지 않음.

누워서 떡 먹기

**하기 쉬운 일을
이르는 말.**

몹시 간단하고 하기 쉬운 일을 뜻하는 말이에요. 자전거 고수에게는 자전거를 타는 일이, 피아니스트에게는 〈나비야 나비야〉를 치는 일이 누워서 떡 먹기겠죠? 모든 자세 중 누워 있는 게 가장 편하고, 맛있는 음식을 먹는 일이 가장 쉬우니까 이런 말이 생긴 거예요.

범민 일기

이건 잘못된 말이다. 누워서 음식을 먹으면 체하거나 기도에 걸릴 수 있어서 위험하다. 게다가 쫄깃한 떡이라니, 가장 쉬운 일이 아니고 가장 어려운 일이다. 누워서 떡 먹기는 절대 하면 안 된다.

모로 가도 서울만 가면 된다

수단과 방법을 가리지 않고
목적만 이루면 된다는 말.

우리나라의 수도인 서울은 가장 많은 인구가 살고 있고 교통도 가장 잘 발달돼 있어요. 그
래서 전국 어디에서도 서울로 가는 길은 연결돼 있기 마련인데요. 이 속담은 방법이야 어
찌 됐든 결과만 좋으면 괜찮다는 뜻으로 쓰인답니다.

범민 일기

매일 일기를 쓴다. 어떤 날은 재미있지만 어떤 날은 정말로 쓰고 싶지 않다.
그럴 때 나는 아무 말이나 적는다. 빨리 끝내기 위해서다. 그런 날이면 아빠
는 말한다. "어… 범민! 모로 가도 서울만 가면 되는 게 아니야. 생각을 하
고 적는 게 중요해." 그래도 어떤 날은 빨리 서울로 가고 싶다.

시시비비

옳고 그름을 따지며 다투다.

是	是	非	非
옳을 시	옳을 시	아닐 비	아닐 비

잘한 행동과 못한 행동을 분명하게 나누는 것을 말해요. 잘못을 알고 반복하지 않는 것은 무척 중요한 일이에요. 그러나 친구 사이에서 일어난 사소한 일에 대해 시시비비를 가리다 보면 목소리가 커지고 싸움으로 번질 수도 있어요. 옳고 그름을 따질 때는 감정을 덜어 내는 게 좋습니다.

 범민 일기

아빠는 나에게 요즘 예의 없는 행동이 많아진 것 같다고 했다. 나는 그런 적이 없는 것 같아 회의를 하자고 했다. 아빠와 단둘이 내 방에 들어가 **시시비비**를 가렸다. 그러면서 내가 잘못한 행동이 아주 조금 있다는 걸 깨달았다.

확장
어휘

시비 걸다: 트집을 잡아 따지다.

귀신이 곡할 노릇이다

워낙 신기한 일이어서
도무지 이해할 수 없는 상황을 이르는 말.

어린 시절 누구나 귀신을 무서워해요. 우리가 생각하는 귀신은 신통방통한 능력을 지니고 있을 것만 같죠. 그런 귀신도 영문을 몰라서 곡할 노릇이라면 얼마나 신기하고 이해가 안 되는 일이겠어요. 도무지 이해할 수 없는 일이 일어났을 때 이 속담을 사용합니다.

범민 일기

식탁 위에 내가 좋아하는 소보로빵을 놓아뒀는데 없어졌다. 아빠한테 화를 내며 내 빵 먹었냐고 물어봤는데, 아니라고 했다. 엄마도 아니고, 할머니도 아니라고 했다. 그럼 대체 누가 내 빵을 먹은 거지? 귀신이 곡할 노릇이다.

1월
23일

심기일전

이제까지 가졌던 마음을 버리고 완전히 달라지다.

心	機	一	轉
마음 심	틀 기	한 일	구를 전

저는 아침잠이 많아요. 하지만 새해를 맞아 과거의 마음을 버리고 새로운 결심으로 아침에 일찍 일어나려 노력하고 있어요. 어떤 계기로 이제껏 가졌던 나쁜 마음 혹은 습관을 바꿔 완전히 달라질 수 있다면 얼마나 좋을까요? 어려움이 있어도 포기하지 않고 희망적인 방향으로 결심하는 '심기일전'은 우리에게 꼭 필요한 자세랍니다.

범민 일기

나는 영어를 좋아하지 않는다. 제일 어렵고 싫어하는 과목이다. 그런데 엄마가 새해를 맞아 영어 DVD를 잔뜩 주문했다. 어쩔 수 없다. **심기일전**해서 하루에 한 편씩 봐야겠다.

확장 어휘

환골탈태(換骨奪胎) : 몰라볼 만큼 완전히 달라짐.

12월
7일

하마터면 vs 하마트면

'조금만 잘못했더라면'을 뜻하는 '하마터면'.

'자칫하면'과 같은 의미의 '하마터면'은 위험한 상황을 겨우 벗어났을 때 사용하는 표현이에요. "하마터면 버스를 놓칠 뻔했어!", "하마터면 크게 다칠 뻔했어"처럼 쓰이죠. '하마트면'은 잘못된 표기예요. 결단코, 기필코, 하여튼 같은 부사는 소리 나는 대로 표기를 하죠. '하마터면'의 바른 발음을 잘 알아 두세요.

범민 일기

엄마는 내가 배 속에 있을 때 딸인 줄 알았다고 한다. 아빠는 내가 딸이기를 바랐다고 했다. 간절히 바라면 이루어진다던데, 하마터면 여자로 태어나 전범순이 될 뻔했다.

확장
어휘

하여튼, 여하튼 : 의견이나 일의 성질, 상태 따위가 어떻게 되든.

1월
24일

각광을 받다

사람들로부터 인기와 관심을 받다.

각광(脚光)은 원래 무대 앞쪽 아래에서 무대를 비추는 광선을 뜻해요. 영어로는 풋라이트(footlight)라고 하죠. 깜깜한 무대 위, 배우나 가수에게 환한 조명이 비추면 사람들이 주목하게 되죠. 이렇게 많은 사람의 관심과 인기를 받는 것을 '각광을 받다'라고 표현해요. 많은 사람이 나만 바라보고 있으면 행복할까요, 아니면 좀 부담스러울까요?

범민 일기

나는 장기하와 BTS를 좋아한다. 장기하의 노래는 특이하고 재미있어서 자주 듣는다. BTS는 멋있어서 반했다. 장기하와 BTS는 각광을 받는 사람들인데, 나도 〈범민 일기〉로 각광을 받고 있다.

확장
어휘

주목(注目)받다: 다른 사람들의 관심을 끌다.

하루에도 열두 번

무척 빈번한 상황을 이르는 말.

하루는 24시간으로 이루어져 있습니다. 우리가 잠을 자는 시간을 빼면 대략 하루에 16시간 정도 깨어 있는 셈인데요. 그런 하루 동안 열두 번이나 똑같은 말이나 행동을 한다면 무척 잦다는 느낌을 받을 수밖에 없겠죠? '하루에도 열두 번'은 매우 빈번하게 나타나는 말이나 행동을 비유적으로 이르는 말입니다.

범민 일기

하루에 닌텐도 스위치를 할 수 있는 시간은 한 시간이다. 게임을 하기 위해서는 그날 해야 하는 숙제를 먼저 해야만 한다. 하지만 하루에도 열두 번 게임 생각이 난다.

확장
어휘

비일비재(非一非再) : 한두 번이 아니고 수두룩하게 많다.

1월

25일

눈에 불을 켜다

매우 욕심을 내거나 관심을 기울여 열심히 하다

잘하고 싶어 욕심을 내거나 온 정신을 집중하는 모습을 표현하는 말이에요. 공부를 할 때는 잠이 쏟아져 눈이 저절로 감기지만 게임을 할 때는 눈을 똘 망똘망 뜨고 최선을 다하잖아요? 이때 우리의 모습은 눈에 불을 켜고 달려 드는 하이에나 같기도 하답니다. 또는 화가 나서 눈을 부릅뜰 때도 이 표현 을 써요.

범민 일기

우리 집에서는 밤 8시부터 9시까지 책을 읽는다. 재미있게 독서에 집중하 면 나중에 유튜브를 볼 수 있도록 허락해 준다. 그러면 나는 눈에 불을 켜 고 〈포켓몬스터〉와 〈흔한 남매〉를 본다.

확장 어휘

눈에 쌍심지를 켜다 : 몹시 화가 나서 무서운 눈으로 지켜보다.

터를 닦다

일의 밑바탕을 마련하는 것을 이르는 말.

주변에서 고층 아파트를 쉽게 볼 수 있죠? 가끔은 저렇게 높은 아파트를 어떻게 지었을까, 궁금하기도 한데요. 이처럼 높은 건물을 세우기 위해서는 일단 바닥을 평평하게 하는 기초 작업이 반드시 필요합니다. '터를 닦는' 것도 바닥을 평평하게 만드는 일과 비슷해요. 새로운 일을 막 시작하려 할 때 사용하면 좋은 표현입니다.

범민 일기

엄마 아빠도 어릴 때부터 이 동네에 살았다고 한다. 아빠가 놀던 골목에서 내가 놀고 있는 걸 생각하면 신기하고 재미있다. 아빠는 자신이 어릴 때부터 터를 닦은 동네라고 자랑했다. 그것도 자랑이라고 할 수 있나?

확장
어휘

개기(開基)**하다** : 공사를 하려고 터를 닦기 시작하다.

1월

26일

꺼야 vs 거야

소리를 내서 발음하면 '꺼야'지만 '거야'가 올바른 표현.

발음 때문에 속는 경우가 많아요. '~할 거야', '~될 거야'가 세게 발음되는 것은 맞아요. 그러나 발음은 '꺼야'로 나더라도 '거야'라고 써야 해요. '먹을 거야', '살 거야', '공부할 거야', '놀 거야'처럼 '~거야'는 우리가 하루 중 가장 많이 사용하는 표현이에요. 이렇게 자주 쓰는 표현만큼은 발음과 표기 모두 제대로 알고 있는 게 좋겠죠?

범민 일기

엄마 휴대전화 속에는 내가 아기였을 때 영상이 많이 있다. 영상 속 내가 제일 많이 했던 말은 "내꼬야, 범민이 꼬야!"다. 하지만 글로 쓸 때는 '내 거야! 범민이 거야!'라는 걸 이제 알았다.

확장
어휘

께요 vs 게요 : 발음은 '께요'지만 쓸 때는 '게요'가 맞음.

호가호위

여우가 호랑이의 위엄을 빌려 허세를 부리다.

狐	假	虎	威
여우 호	거짓 가	범 호	위엄 위

사자와 호랑이는 동물 중에서 무척 힘이 세죠. 반면 여우는 그렇지 못하고요. 그런 여우가 호랑이의 위엄을 빌려 다른 동물들을 함부로 대하는 이야기에서 '호가호위'가 유래됐습니다. 힘이 센 친구 옆에 붙어서 마치 자신도 그런 듯 다른 친구를 괴롭히고 떵떵거린다면 "호가호위한다"라고 표현할 수 있겠죠?

범민 일기

아빠와 영화를 봤다. 나쁜 탐관오리들은 왕의 위력을 빌려 **호가호위**하며 약한 백성들을 괴롭혔다. 나는 그 시대에 태어나지 않아서 다행이다.

확장
어휘

호의호식(好衣好食) : 남부러울 것 없이 좋은 옷을 입고 좋은 음식을 먹음.

웃는 집에 복이 있다

웃음이 끊이지 않는 화목한 집에
행복이 찾아온다는 말.

웃는 사람에게 즐거운 일이 더 많이 생깁니다. 즐겁고 화목하게 사는 가족에게 행복이 찾아오는 건 당연한 일이겠죠? 저의 꿈은 '잘 웃는 엄마'예요. 엄마가 된 후 일부러라도 더 많이 웃으려고 노력한답니다. 예쁜 웃음소리의 강력한 힘을 잊지 마세요.

참 보기 좋은 가족이야~

범민 일기

엄마는 항상 "웃는 집에 복이 있다"고 말한다. 그래서 사람들을 만나면 활짝 웃으며 친절하게 대한다. 그런데 어떤 땐 나에게 무서운 표정으로 혼을 낸다. 분명 웃는 집에 복이 있다고 했는데… 이상하다.

다사다난

여러 가지 일도 많고 어려움도 많다.

多	事	多	難
많을 다	일 사	많을 다	어려울 난

1년 365일은 무척 긴 시간이에요. 하루하루는 짧게 느껴지지만 그게 모인 1년 동안에는 무궁무진하게 많은 사건이 벌어지죠. 그래서 우리는 한 해가 끝나 갈 때 '다사다난했던 한 해'라는 표현을 쓰곤 합니다. 그래도 하루하루 최선을 다했다면 힘들고 고통스러운 일보다는 유쾌하고 즐거운 기억이 더 많이 남아 있겠죠?

 범민 일기

연말을 맞아 가족 파티를 했다. 할머니와 아빠 엄마, 그리고 이모와 윤우 형, 유주 누나가 참석했다. 할머니는 다사다난했던 한 해가 잘 마무리됐다 며 건배를 제안했다. 특히 제주도에서 보낸 시간이 기억에 남았다. 우리는 건배사로 '오징어!'를 외치며 음료수를 마셨다.

**확장
어휘**

파란만장(波瀾萬丈) : 굴곡과 어려움 등 인생의 변화가 많음.

1월
28일

소 잃고 외양간 고친다

일이 잘못된 뒤에는 바로잡으려 해 봐야
소용없음을 이르는 말.

외양간은 소를 기르는 곳이에요. 소가 도망친 뒤에 외양간을 고쳐 봐야 떠난 소는 돌아오지 않는다는 의미죠. 저는 이 표현을 건강과 관련해 많이 사용해요. 건강할 때 우리 몸을 돌보지 않으면 건강을 잃고 나서 후회해도 소용없을지 몰라요.

소순아,
이제 네 집에 비 안 새.
그러니까 돌아와!

소순이집

범민 일기

우리 엄마는 맨날 건강이 최고라고 말한다. 했던 말을 하고 또 한다. 하지만 엄마는 야식을 자주 먹는다. 다이어트를 한다면서 말이다. 소 잃고 외양간을 고치면 뭐 하나요?

못된 송아지 엉덩이에 뿔 난다

못된 사람이 건방지고
나쁜 행동을 함을 이르는 말.

송아지 엉덩이에는 꼬리가 있지, 뿔은 없어요. 송아지에게 뿔이 났다면 뭔가 예외적이거나 안 좋은 상황을 뜻하는 거겠죠? 이 말은 평소 행동이 바르지 못한 사람이 예상대로 나쁜 행동을 했을 때 핀잔을 주듯 사용할 수 있습니다.

범민 일기

이 세상에는 좋은 친구만 있는 건 아니다. 장난감을 빼앗고 귀를 잡아당기는 친구들도 있다. 나는 그런 친구들에게 "못된 송아지 엉덩이에 뿔 난다"라고 말해 줬다. 그렇게 나쁜 행동을 하다 보면 나중에는 진짜로 나쁜 사람이 될 것이기 때문이다.

만사형통

모든 일이 마음먹은 대로 잘 풀리다.

萬	事	亨	通
일만 만	일 사	형통할 형	통할 통

만사(萬事)는 크고 작은 모든 일을 말해요. 형통(亨通)은 뜻한 대로 잘 되어 가는 상황을 의미하고요. 즉, 모든 일이 원하는 대로 잘 풀린다는 의미로, 해가 바뀔 때 서로에게 전하는 인사말로 자주 쓰입니다. 어린이 여러분도 새해 복 많이 받으시고, 한 해 건강하게 보내세요. 만사형통을 기원할게요.

범민 일기

설날이 되면 어른들은 모두 바쁘다. 할머니는 음식을 하시고, 나는 엄마와 아빠를 따라 인사를 다닌다. 엄마 아빠는 세배를 하면서 꼭 새해 인사를 하라고 당부했다. "새해 복 많이 받으세요"는 너무 흔해서 "만사형통하세요"라고 인사하려고 한다.

확장
어휘

운수대통(運數大通) : 행운이나 기운이 크게 통해 좋은 일이 계속됨.

사후약방문

**때가 지난 뒤에
어리석게 애를 쓰는 경우를 이르는 말.**

'사후'는 한자로 '죽을 사(死)' 자와 '뒤 후(後)' 자를 씁니다. '죽은 뒤'라는 뜻이죠. 그리고 '약방문(藥方文)'은 약을 짓기 위해 약 이름과 수량을 쓴 종이예요. 그러니까 이 말은, 죽은 뒤에 약을 지으려고 한다는 뜻입니다. 때를 놓친 뒤에 애쓰는 어리석음을 이르는 말이죠.

 범민 일기

감기에 걸린 엄마와 병원에 갔다. 의사 선생님은 엄마에게 찬 음료를 먹지 말라고 하셨다. 갑자기 엄마가 따뜻한 커피를 마신다. 이미 감기에 걸렸는데. 이것이 바로 사후약방문이다.

전광석화

매우 짧은 시간이나 아주 빠른 움직임.

電	光	石	火
번개 전	빛 광	돌 석	불 화

번개가 치는 걸 본 적이 있나요? 하늘에 번쩍 보였다가 아주 빠른 속도로 사라지죠. 이렇게 번개나 부싯돌의 불이 순간적으로 번쩍거리는 것처럼 매우 짧은 순간을 '전광석화'라고 표현해요. 범민이가 즐겨 하는 '포켓몬' 게임에도 '전광석화'라는 기술이 있더군요. 아마도 무척 빠른 공격 기술이지 않을까 싶어요.

범민 일기

아빠와 포켓몬 결투를 자주 한다. 아빠는 주로 '리자몽' 캐릭터로 싸우는데 **전광석화**라는 기술을 많이 쓴다. 아주 빠른 속도로 나를 공격하는 기술인데, 그것보다 '지구 던지기'가 더 강력하다. 침대 위에서 지구 아래로 나를 던져 버리는 기술이다.

확장 어휘

속전속결(速戰速決) : 일을 빠르게 처리해 빨리 끝냄.

12월

1월

31일

누구 코에 붙이나?

여러 사람에게 나눌 양이 너무 적음을 이르는 말.

사람은 여럿인데 나눠 줄 먹을거리나 물건이 너무 적을 때 사용하는 표현이에요. 식당에서 음식을 시켰는데 여러 사람이 함께 먹기에 양이 너무 부족하거나, 온 가족이 둘러앉아 피자를 먹으려고 하는데 막상 상자를 열어 보니 한 조각밖에 없다면 이런 표현을 사용할 수 있겠죠.

범민 일기

파스타가 먹고 싶었다. 엄마는 나를 위해 토마토소스와 새우를 사 왔고, 아빠가 요리를 하겠다고 나섰다. 그런데 새우를 다섯 개밖에 넣지 않았다. 세 명이 먹는데 다섯 개라니! 대체 이걸 누구 코에 붙이라고 요리한 건지 모르겠다. 아빠는 늘 소심하다.

확장
어휘

쥐꼬리만 하다 : 보잘것없을 만큼 매우 적어 마음에 들지 않는다.

설렘 vs 설레임

'마음이 들떠서 두근거림'을 뜻하는 '설렘'.

설렘의 동사는 '설레다'예요. 흔히 '설레이다'의 명사형 '설레임'으로 착각하는데요. '설레이다'와 '설레임'은 잘못된 표현이에요. 동사 '설레다'의 '설레'에 명사형 어미 'ㅁ'이 붙어 '설렘'이 된다는 걸 기억해 두세요. 마트에 가면 '설레임'이라는 아이스크림이 있는데, 사실은 '설렘'이라고 이름 지어야 맞는 거겠죠?

범민 일기

집에서 멀지 않은 곳에 내가 좋아하는 숙소가 있다. 마당에서 '불멍'을 하고 바비큐를 해 먹을 생각을 하니 벌써 설렌다. 마음이 설렌다는 건 행복하다는 증거다.

확장
어휘

예) 크리스마스를 앞두고 온 세상이 설렘으로 가득하다. 설레임(×)

2월

천하를 얻은 듯

매우 기쁘고 만족스러운 상황을 이르는 말.

중국 소설 《삼국지》에 나오는 수많은 영웅은 천하를 통일하기 위해 자신의 모든 것을 바쳐 싸웁니다. 천하(天下)란 '하늘 아래 모든 나라'를 뜻하는데요. '천하를 얻은 듯'이라는 말은 마치 온 세상이 내 것인 듯 몹시 만족스러운 상황을 의미합니다. 정말 기분이 좋을 때 사용하면 적절한 표현이에요.

범민 일기

미국에서 큰아빠가 왔다. 선물로 게임 칩을 주셨다. 나는 천하를 얻은 듯 기뻤다. 게임 칩을 사려고 열심히 모은 용돈을 아낄 수 있었으니, 일석이조다.

확장
어휘

쾌재(快哉) : 일이 뜻대로 잘 되어 기쁨.

입에 침이 마르다

어떤 것에 대해 거듭해서 말함을 이르는 말.

쉬지 않고 말을 하면 어느 순간 입안에 침이 줄어들면서 뻑뻑한 느낌을 받게 됩니다. 말을 많이 하느라 침이 말라 버린 것이죠. '입에 침이 마르다'는 똑같은 주제에 대해 반복해서 말을 할 때 쓰는 표현입니다. 따라서 우리가 자주 사용하는 '입에 침이 마르도록 칭찬했다'라는 표현은 거듭해서 좋은 말을 해 줬다는 뜻이죠.

범민 일기

아빠가 가끔 입에 침이 마르도록 내 칭찬을 한다. 범민이는 착하고 귀엽고 공부도 열심히 한다는 거다. 기분이 좋긴 하지만 무슨 꿍꿍이가 있는 건 아닌지 아빠를 살피게 된다. 그런 건 없고 그냥 내가 너무 좋았던 것 같다.

확장
어휘

입에 발린 소리 : 마음에도 없이 겉치레로 하는 말.

발이 묶이다

몸을 움직일 형편이 못 됨을 이르는 말.

줄이나 끈으로 발이 묶이는 걸 상상해 보세요. 내 맘대로 움직일 수가 없으니 오도 가도 못 하고 답답하겠죠? 예를 들어, 폭설이나 태풍으로 인해 꼼짝할 수 없거나, 돈이 떨어지거나 교통수단이 끊겨서 이동하지 못하는 경우 등 내 의지와 반대되는 상황에서 폭넓게 사용할 수 있는 표현이에요.

범민 일기

주말에 가평에 놀러 가기로 했다. 근사한 숙소를 빌려서 놀기로 한 것이다. 그런데 우리 집에 바이러스라는 불청객이 찾아오고 말았다. 할머니는 목소리가 안 나왔고 아빠는 콜록콜록 기침을 했다. 결국 우리는 발이 묶였다.

확장
어휘

발이 떨어지지 않다 : 근심과 걱정으로 마음이 놓이지 않아 떠나지 못하다.

졸이다 vs 조리다

속을 태우다시피 초조해하다.

vs 양념이 재료에 스며들도록 바짝 끓이다.

어떤 일에 대한 걱정으로 마음이 많이 쓰일 때 '가슴 졸이다'라고 표현해요. 또는 오랫동안 찌개나 국을 끓여 물의 양을 줄이는 경우에도 '졸이다'라고 하죠. 국과 찌개는 은근한 불에서 졸였을 때 깊은 맛이 나거든요. 반면 '조리다'는 국물은 거의 없이 건더기에 양념이 잘 배어들도록 요리하는 것을 말해요. 양념이 된 갈치조림을 생각하면 됩니다.

범민 일기

엄마 아빠와 드라이브를 다녀왔다. 식당에서 밥을 먹는 사이에 눈이 펑펑 쏟아졌다. 눈으로 덮인 세상이 예쁘긴 하지만 안전하게 갈 수 있을지 걱정이 됐다. 나는 안전벨트를 꽉 매고 마음을 졸이며 운전석의 아빠를 주시했다.

확장
어휘

저리다 vs 절이다: 쥐가 나면 다리가 '저리다'. vs 배추는 소금으로 '절이다'.

거두절미

머리와 꼬리를 잘라 버리고 요점만 간단히 말하다.

去	頭	截	尾
버릴 거	머리 두	끊을 절	꼬리 미

쓸데없는 군더더기는 빼고 핵심만 말한다는 뜻이에요. 어떤 말을 할 때 정작 중요한 말은 빼놓고 이것저것 덧붙이는 말들만 길게 늘어놓다 보면 진짜 하고 싶었던 말은 놓쳐 버리기 쉬워요. 또 회의를 할 때 핵심이 아닌 군더더기 말만 길게 하면 듣는 사람들이 지루해하겠죠? 따라서 말을 할 때는 짧고 정확하게 핵심만 말하는 게 효과적이랍니다.

범민 일기

휴대전화가 생긴 후부터 나는 아빠에게 종종 문자를 한다. 거두절미하고, 집에 들어올 때 아이스크림을 사 오라는 말이나 몇 시에 도착하냐는 질문을 한다. 하지만 아빠는 쓸데없는 사진이나 문자를 자주 보내서 나를 귀찮게 한다.

확장
어휘

단도직입(單刀直入) : 쓸데없는 군말 빼고 문제 핵심을 곧바로 말함.

백지장도 맞들면 낫다

아무리 쉬운 일이라도
힘을 합치면 훨씬 쉬워짐을 이르는 말.

가벼운 종이 한 장을 드는 건 무척 쉬운 일이죠. 하지만 그마저도 누군가와 함께하면 훨씬 가벼워진다는 뜻이에요. 저는 가방을 메고 가는 아들의 뒷모습을 보면 가끔 안쓰러운 마음이 드는데, 그럴 땐 가방의 밑부분을 몰래 받쳐 줍니다.

범민 일기 ➤ 축구에서는 팀워크가 아주 중요하다고 코치님이 말씀하셨다. 공을 따라 뛰어다니는 게 너무 힘든 경우가 있는데, 그럴 땐 우리 팀원들끼리 서로 도와 뛰어 준다. 백지장도 맞들면 낫다는 게 이런 것 같다.

11월
26일

고장난명

손바닥 하나로는 소리가 나기 어렵다.

孤	掌	難	鳴
외로울 고	손바닥 장	어려울 난	울 명

박수를 치기 위해서는 두 손바닥을 마주쳐야 해요. 아무리 박수가 치고 싶어도 손이 하나라면 불가능하겠죠? 혼자 힘으로 일을 이루기 어려운 것은 비단 박수만은 아닐 거예요. 어떤 일을 하다가 의견이 서로 달라 일이 무산될 때 이 표현을 씁니다. 긍정적인 결과보다는 부정적인 결과가 나왔을 때 많이 쓰이는 사자성어예요.

범민 일기 ➤ 놀이터에서 훈이 형과 준이 형이 싸웠다. 내가 말려 보려고 했지만 역부족이었다. 결국 아주머니가 나와 상황이 종료되었다. 서로 남 탓을 하는 형들에게 "고장난명이라고, 둘이 똑같으니 싸우지!"라고 아주머니는 소리를 질렀다.

확장
어휘

독장난명(獨掌難鳴) : 혼자 힘으로는 어떤 일을 이루기 어려움.

공든 탑이 무너지랴

정성을 다한 노력의 결과는
쉽게 무너지지 않음을 이르는 말.

어떤 일에 정성과 노력을 기울이는 것을 '공을 들인다'라고 해요. 반대로 무슨 일이든 적당히 얼렁뚱땅 하면 일을 망치기 쉽겠죠? 정성을 들여 꾸준히 최선을 다한 일에는 좋은 결과가 따라오기 마련이고, 그 결과는 쉽게 사라지지 않는답니다.

열심히 지은 벽돌집이라고. 절대 무너지지 않아.

범민 일기

내 취미는 책으로 집 짓기다. 처음 몇 번은 무너져서 속상했는데, 기술을 터득했다. 큰 책을 밑에 두고 기둥에 집중해서 한 층씩 높여 나갔더니 튼튼한 책 집이 되었다. 공든 탑은 쉽게 무너지지 않는다. 하지만 사실 무너질 때도 있다.

입이 열 개라도 할 말이 없다

**명백한 잘못을 저질러
변명의 여지가 없음을 이르는 말.**

잘못을 저지르면 일단 빠져나갈 구멍을 찾기 마련입니다. 어쩔 수 없는 상황을 강조하면서 핑계를 대곤 하죠. 하지만 가끔은 변명조차 할 수 없는 경우도 있습니다. 아이스크림을 더 이상 먹지 않기로 했는데, 아이스크림을 먹다가 엄마에게 딱 걸렸을 때 쓸 수 있는 표현이에요.

범민 일기

아빠와 나는 레고 파트너다. 새로 산 레고를 같이 만들기로 몇 번이나 약속을 했는데 아빠가 계속 어겼다. 나는 너무 화가 나서 출근하는 아빠에게 따졌다. 아빠는 입이 열 개라도 할 말이 없을 것이다. 사과를 받아 냈다.

청천벽력

맑게 갠 하늘에서 치는 날벼락으로, 뜻밖에 일어난 큰 사건을 뜻한다.

靑	天	霹	靂
푸를 청	하늘 천	벼락 벽	벼락 력

천둥 번개는 주로 비 오는 날에 관찰할 수 있습니다. 하늘이 무너질 듯 큰 천둥소리와 '번쩍' 하는 번개 빛을 보면 두려운 마음이 드는데요. 만약 비도 오지 않는 맑은 날에 갑자기 천둥소리가 들리고 번개가 친다면 얼마나 놀랄까요? 왠지 하늘이 화를 내는 듯한 느낌도 들고요. 이렇게 갑자기 뜻밖의 무서운 일이 생겼을 때 이 표현을 써요.

범민 일기

나는 할아버지보다 할머니를 좋아한다. 할아버지는 할머니와 잘 놀고 있을 때 방해만 하신다. 목소리도 아주 커서 듣고 있기가 힘들다. 할머니 목소리가 듣고 싶어 전화를 했는데 할아버지가 전화를 받을 때가 있다. 내게는 아주 청천벽력 같은 일이다.

확장 어휘

평지풍파(平地風波) : 평온하던 일상에 예상치 못한 어려움과 다툼이 일어남.

설마가 사람 잡는다

마음을 놓고 있다가
곤란한 일을 겪음을 이르는 말.

안전사고는 대부분 마음을 놓고 있을 때 벌어져요. '비가 와 봐야 얼마나 오겠어?' 하는 마음에 대비를 하지 않으면 꼭 물난리를 겪게 되고요. 운전을 잘한다고 해서 휴대전화를 보며 운전을 하다간 큰일 나죠. '설마…' 하는 경우에 이 속담이 해당됩니다.

설마… 하다가
대피할 기회를
놓쳤네.

범민 일기

맛집에 가서 고기를 먹었다. 엄마는 맥주를 마셨고 아빠는 운전을 해야 한다며 술을 마시지 않았다. 그리고 집에 돌아가는데 경찰 아저씨가 차를 세우더니 음주운전 검사를 했다. 설마가 사람 잡는다더니, 아빠가 술을 마셨다면 정말 큰일 날 뻔했다.

횡설수설

말에 조리와 순서가 없다.

橫	說	竪	說
가로 횡	말씀 설	세로 수	말씀 설

어떤 이야기를 해도 조리 있고 이치에 맞게 하는 친구들이 있습니다. 반면 이 말을 했다 저 말을 했다, 도무지 무슨 말을 하려는지 이해하기 어렵게 말하는 친구들도 있죠. 그런 친구들에게 '횡설수설한다'라고 말해요. 횡설수설하고 싶지 않다면 무엇보다 책을 많이 읽기를 권합니다.

범민 일기

할아버지와 대화가 힘든 건 늘 횡설수설하시기 때문이다. 갑자기 "이 집안의 왕이 누구냐?"라고 물으시더니 "할아버지가 킹이다"라고 말씀하신다. 도무지 이해가 안 된다. 아빠는 할아버지가 나를 사랑해서 그러시는 거라고 하지만 내가 볼 땐 횡설수설일 뿐이다.

확장 어휘

조리(條理) 있다: 말이나 일이 앞뒤가 맞고 체계가 있다.

잃어버리다 vs 잊어버리다

가지고 있던 물건이 자기도 모르게 없어지다.
vs 생각이나 기억이 사라져 버리다.

'잃어버리다'는 물건이나 사람이 없어졌을 때 주로 사용합니다. "놀이동산에서 우리 아이를 잃어버렸어"처럼 말이죠. 반면 '잊어버리다'는 기억이나 생각이 사라지는 경우에 써요. "아기였을 때 기억은 모두 잊어버렸어"처럼 머릿속에서 벌어진 일에 주로 쓰인다고 이해하면 쉽습니다.

범민 일기

영어 선생님이 선물로 준 포켓몬 카드를 잃어버렸다. 나만 아는 곳에 숨겼는데 어디에 두었는지 잊어버린 것이다. 정말 좋은 카드였기 때문에 눈물이 났다. 이번만큼은 내가 정말 바보 같았다.

확장
어휘

'잃다 = 물건', '잊다 = 기억' 이렇게 간단하게 기억하면 헷갈리지 않음.

2월
7일

코가 납작해지다

잘난 척하다 무안을 당해 기가 죽음을 이르는 말.

'콧대가 높다'라는 말을 들어 본 적 있나요? 자신감이 넘쳐 잘난 체하고 뽐내는 친구에게 쓰는 표현이죠. 코가 상징하는 건 자존심 또는 우월감 같은 감정이랍니다. '코가 납작해지다'는 그 반대입니다. 하늘 높은 줄 모르고 치솟았던 콧대가 납작해지면서 무안함과 창피함을 느낄 때 쓰는 말이에요.

범민 일기

체스 학원을 열심히 다닌다. 점점 실력이 늘어서 이제 할머니와 엄마는 어렵지 않게 이긴다. 이제 아빠만 남았다. 더 열심히 배워서 아빠 코를 납작하게 해 주고 싶다. 아빠만 이기면 나는 우리 집 체스 챔피언이다.

확장
어휘

실추되다: 명예나 위신이 떨어지다.

소매를 걷다

어떤 일에 아주 적극적으로 뛰어드는 것을 이르는 말.

'소매를 걷다'라는 말은 입고 있는 옷의 팔 부분을 걷어붙인다는 뜻입니다. 팔을 걷는 행위에서 적극적인 도전 의지가 느껴지죠? 100미터 달리기를 하거나 중요한 시험을 앞두고 나도 모르게 소매를 걷은 기억이 한 번쯤은 있을 거예요. 어떤 일을 아주 적극적으로 해내려고 할 때 사용하면 좋은 표현입니다.

범민 일기

'닌텐도' 게임 중 제일 어려운 건 '마리오 오디세이'다. 한 시간이 지나도 해결을 못 할 때가 많다. 그럴 때마다 나는 아빠를 부른다. 아빠가 소매를 걷고 나서면 결국 문제가 해결된다.

확장
어휘

양비대담(攘臂大談) : 소매를 걷어 올리고 큰소리를 침.

손이 맵다

손으로 슬쩍 때려도 몹시 아픔을 이르는 말.

김치나 고추 같은 음식을 '맵다'라고 표현하죠? 이런 매운 음식을 먹으면 한 동안 입이 얼얼한 고통을 느끼게 됩니다. '손이 맵다'라는 말도 비슷한 뜻으로 쓰입니다. 별로 세게 때린 것 같지도 않은데, 어떤 친구에게 맞으면 유난히 아프죠. 이럴 때 그 친구에게 "손이 참 맵구나"라고 말할 수 있어요.

범민 일기

나는 할머니를 사랑한다. 늘 맛있는 걸 해 주고 나를 사랑해 주시기 때문이다. 하지만 토라지는 할머니의 반응이 재밌어서 자꾸 놀리고 싶다. 어느 날 할머니에게 원숭이를 닮았다고 놀렸다. 할머니는 깜짝 놀라며 내 등을 쳤다. 할머니 손은 매웠다.

확장
어휘

손이 재다: 동작이 빠르고 민첩하다.

금이 가다

서로의 사이가 벌어지거나 틀어짐을 이르는 말.

유리컵이 깨진 걸 본 적이 있나요? 투명한 유리에 금이 생기면 어떻게 해도 예전 상태로 돌아가기는 어렵습니다. 사람 사이의 관계도 마찬가지예요. 아무리 가까운 사이라 해도 예의를 다하지 않고 함부로 대하면 관계는 틀어지기 마련입니다. 이처럼 신뢰나 우정, 사랑이 흔들리기 시작했을 때 '금이 갔다'라는 표현을 씁니다.

범민 일기

엄마에게는 30년이 넘은 친구들이 있다. 서로에게 예의를 지키기 때문에 지금까지 친구로 지낼 수 있다고 했다. 강산이 세 번 바뀌어도 금이 가지 않는 우정의 비결은 친구 사이의 예의인가 보다.

확장
어휘

붕우유신(朋友有信) : 친구 사이에는 믿음이 있어야 함.

2월

9일

틈틈이 vs 틈틈히

'틈이 난 곳마다' 또는
'기회가 있을 때마다'를 뜻하는 '틈틈이'.

'틈틈이'는 일상생활에서 자주 쓰는 표현이에요. "공부하는 틈틈이 게임도 한다"는 식으로요. '많이'나 '겹겹이'처럼 끝음절 소리가 정확하게 '이'로 나는 부사는 고민 없이 '이'를, '열심히'나 '솔직히'처럼 끝음절이 '이'와 '히' 중 헷갈릴 경우에는 '히'를 쓰면 된답니다. '틈틈히'는 잘못된 표기예요.

범민 일기

꾸준히 숙제를 하고 **틈틈이** 노는 것이 요즘 나의 인생이다. 해야 할 일을 다 하고 마음 편하게 누리는 자유시간은 정말 꿀맛이다. 엄마는 **틈틈이** 노는 게 제일 재미있는 거라고 했다.

확장
어휘

번번이 vs 번번히 : 매 때마다, 자주. vs 펀펀하고 번듯하게.

발본색원

뿌리를 뽑고 근원을 막아 없애 버리다.

拔	本	塞	源
뽑을 발	근본 본	막을 색	근원 원

일을 올바르게 처리하기 위해 문제의 근본을 제대로 없앤다는 뜻입니다. 감기에 걸렸을 때 감기약을 먹으면 열이 내리고 기침이 멎을 수는 있어요. 하지만 면역력이 높지 않으면 또다시 감기에 걸리고 말겠죠. 결국 궁극적인 문제는 면역력인 겁니다. 이처럼 문제가 있고 그 문제의 근본을 해결하려 할 때 '발본색원'이라는 말을 사용합니다.

범민 일기

이모가 보이스피싱을 당했다. 유주 누나인 척 "엄마, 살려 줘!"라고 전화가 온 것이다. 이모는 거의 기절할 뻔했다. 경찰이 발본색원해서 보이스피싱을 사라지게 했으면 좋겠다.

확장
어휘

원천(源泉) : 사물을 이루는 토대가 되는 기본과 근원.

개똥도 약에 쓰려면 없다

아무리 흔한 것도 막상 필요할 땐
구하기 어려움을 이르는 말.

옛날에는 개들이 길에 마구 돌아다니고 아무 데나 배변을 했어요. 그래서 개똥을 어디서나 흔하게 볼 수 있었죠. 이 속담은 그렇게 흔하고 쓸모없는 개똥조차 막상 필요할 때는 찾기가 어렵다는 뜻이에요. 화장실 휴지, 냉장고 속 마늘, 필통에 넣어 둔 지우개처럼요.

범민 일기

나는 지우개가 다섯 개다. 동그란 모양과 네모난 모양, 연필처럼 생긴 것도 있다. 지우개가 많은 이유는, 개똥도 약에 쓰려면 없는 것처럼 찾을 때마다 없어서다. 그런데 새로 사면 사라졌던 지우개가 다시 나타난다. 이건 마법이다.

혈혈단신

의지할 곳 없이 혼자인 몸.

子	子	單	身
외로울 혈	외로울 혈	홑 단	몸 신

가족이나 친구 없이 오직 혼자뿐인 외로운 사람을 가리키는 말이에요. 아는 사람이 아무도 없는 낯선 곳에 혼자 있는 상태이거나 새로운 분야에 처음 뛰어들어 힘든 상태일 때도 이 표현을 사용합니다. 혼자만의 외로운 신세, 즉 고립된 상황을 나타내죠. "혈혈단신 서울로 올라와 결국 성공했다"처럼 쓰입니다.

범민 일기

처음 등록한 학원에 갔는데 같은 반 친구가 있었다. 온통 외국인 선생님들 뿐이라 말도 통하지 않아 혈혈단신 힘들었는데 얼마나 큰 의지가 되었는지 모른다.역시 한국인은 한국 사람과 있을 때 제일 좋다.

확장 어휘

'홀홀단신'이 '혈혈단신'의 의미로 잘못 쓰이는 경우가 많지만 이는 틀린 표기.

2월
11일

내 코가 석 자다

내 사정이 급하고 어려워서
남을 도울 처지가 안 됨을 이르는 말.

친구 사이에 서로 도움을 주고받는 건 아름다운 일입니다. 친구가 완성하지 못한 만들기를 도와 달라고 부탁하면 기쁜 마음으로 도와주세요. 하지만 자신의 만들기도 아직 끝내지 못했다면 이렇게 거절하면 됩니다. "미안하지만, 내 코가 석 자야."

범민 일기

화장실에서 볼일을 보고 있는데 치킨 배달이 왔다. 부엌에서 설거지하던 엄마가 나를 불렀다. "범민아, 공동 현관문 좀 열어 줘!" 나는 휴지를 끊으며 더 크게 말했다. "엄마! 지금 내 코가 석 자예요."

고양이 쥐 생각해 준다

속으로는 해칠 마음을 가지고 있으면서
겉으로는 생각해 주는 척함을 이르는 말.

옛날 길고양이들은 생쥐를 잡아먹으며 배를 채우곤 했어요. 그런 고양이가 쥐를 생각해 주는 척하다니 당치 않겠죠? 이 말은 속으로는 마음도 없으면서 겉으로만 잘해 주는 사람을 비유할 때 사용합니다.

범민 일기

아빠가 술을 많이 마시고 들어왔다. 나한테 와서 억지로 뽀뽀를 했다. 너무 싫었다. 엄마도 표정이 안 좋은 걸 보니 기분이 나쁜 것 같았다. 그런데 다음 날 엄마가 아빠한테 술 때문에 힘들지 않으냐며 꿀물을 타 주는 게 아닌가. 고양이가 쥐를 생각해 주다니!

탁상공론

현실적으로 불가능한 헛된 논의.

卓	上	空	論
책상 탁	위 상	빌 공	논할 론

우리는 학창 시절에 책상 위에서 열심히 공부를 하는 게 제일 중요하다고 배웁니다. 하지만 나중에 어른이 돼 일을 시작하면 책상에서 배운 것 말고도 알아야 할 것이 무척이나 많다는 걸 알게 되죠. 함께 일하는 사람의 감정이나 다양한 상황 등을 무시하고 책상 위에서만 펼치는 헛된 논의를 우리는 '탁상공론'이라고 합니다.

범민 일기

나는 조선 시대 위인 정약용을 좋아한다. 나랏일을 하는 관료였지만 과학자이기도 했다. 정약용의 업적은 탁상공론이 아니라 실제로 살아가는 데 필요한 것들이라 국민들에게 도움이 되었다.

확장 어휘

관료(官僚) : 나라의 정책을 결정하는 데 큰 영향을 미치는 공무원.

바람 앞의 등불

매우 위태로운 처지에 놓여 있음을
이르는 말.

전기가 없던 아주 옛날에는 초를 켜서 어둠을 밝히곤 했어요. 집 안에서나 외출을 할 때 등불은 반드시 필요한 도구였죠. 하지만 전기와 달리 등불은 거센 바람 앞에서 쉽게 꺼져 버립니다. '바람 앞의 등불'은 그렇게 언제 꺼질지 모르는 위태로운 처지를 가리킬 때 사용합니다.

범민 일기

사촌 형은 일주일 동안 허락된 게임 시간을 다 썼다. 그래서 이모가 외출한 사이 몰래 게임을 하려고 했는데 이모가 갑자기 현관문을 열고 들어왔다. 후다다다다닥! 우리는 패드를 제자리에 올려놓고 식탁에 앉았다. 우리는 마치 바람 앞의 등불 같았다.

백발백중

무슨 일이든 예상한 대로 꼭 들어맞다.

百	發	百	中
일백 백	쏠 발	일백 백	가운데 중

활이나 총을 백 번 겨눠 쏘았을 때 백 번 모두 맞힌다는 뜻으로, 목표한 대로 적중하는 것을 말해요. 친구가 낸 퀴즈를 모두 다 맞혔을 때, 공을 차는 족족 골대에 쏙 들어갔을 때 이 표현을 씁니다. 목표한 대로, 예상한 대로 틀리지 않고 꼭 들어맞으면 기분이 정말 좋지요.

범민 일기

나는 난센스 퀴즈를 좋아한다. '선거'의 반대말은 '앉은 거', '사람들이 싫어 하는 거리는 '걱정거리' 같은 문제가 너무 재밌다. 난센스 문제가 나오면 나 는 **백발백중** 다 맞히고, 엄마 아빠는 백이면 백 다 틀린다.

확장 어휘

일발필중(一發必中) : 딱 한 번 쏘아 반드시 맞힘.

어떡해 vs 어떻게

당황스러운 감정을 나타내는 '어떡해'.
vs 상황을 설명하거나 묻는 '어떻게'.

'어떡해'는 당황스러운 상황과 감정을 나타내는 데 사용됩니다. "내일이 시험인데 공부를 하나도 못 했어. 나 어떡해?"처럼 문장의 끝에 쓰여요. 반면 부사 '어떻게'는 어떤 상황을 설명하거나 해결하기 위한 내용에 주로 사용됩니다. "집에 어떻게 가나요?"처럼 말이죠.

범민 일기

어떻게 하면 수학을 잘할 수 있을까? 엄마는 조금씩 매일 문제를 푸는 것이 방법이라고 했다. 하지만 수학을 보면 스트레스를 받는데 어떡하지?

확장
어휘

'어떡해'는 '어떻게 해'의 준말.

입만 살았다

말만 하고 실천하지 않음을 이르는 말.

말을 하기는 쉽지만 그 말을 행동으로 옮기기는 어려운 법입니다. 시험을 잘 못 보면 "엄마, 다음 시험을 잘 보기 위해 게임도 안 하고 놀이터도 안 갈 게요"라고 말하지만 놀고 싶은 유혹을 물리치고 매일 공부를 하기란 쉬운 일이 아니죠. 이렇게 책임지지 못할 말을 잘하는 사람에게 '입만 살았다'라는 표현을 쓴답니다.

 범민 일기

아빠가 아직도 내게 빌린 돈을 갚지 않는다. 돈을 갚으라고 할 때마다 월급을 받으면 주겠다고 했는데, 감감무소식이다. 벌써 월급을 여섯 번은 받았을 것이다. 아빠는 **입만 살았다.** 이제 더는 아빠 말을 믿지 않을 것이다.

확장
어휘

입이 짧다: 음식을 적게 먹거나 가려 먹는다.

고사리 같은 손

어린아이의 작고 여린 손을 이르는 말.

고사리는 주로 나물 반찬으로 접할 수 있는 식물이에요. 어린아이의 손을 비유할 때 자주 사용하는 말인데요. 아이들의 손은 어른에 비해 작고 짧고 얇지요. 또 손마디가 뚜렷하지 않은 특징도 있고요. 이런 특징이 고사리 잎과 비슷하다고 해서 생겨난 말입니다.

범민 일기

엄마 아빠가 찍어 놓은 유튜브 영상을 보면 어릴 때 내 모습을 볼 수 있다. 어렸을 때부터 잘 먹고 잘 노는 나를 보면 신기하다. 고사리 같은 손으로 이것저것 가리키며 궁금해하는 모습도 귀엽다. 역시 나는 어릴 때부터 귀여웠던 게 틀림없다.

확장
어휘

손을 타다: 보살핌을 받는 일에 익숙해지다.

2월

15일

본전도 못 찾다

일의 결과가 좋지 않아 안 한 것만 못함을 이르는 말.

원래 내가 갖고 있던 돈을 '본전'이라고 해요. 더 벌거나 잃지도 않은 딱 그만큼의 돈이죠. 어떤 일을 했는데 결실도 없고 보람도 없는 결과가 나왔을 때 이 표현을 써요. 결과가 좋기는커녕 차라리 아무것도 안 한 것만 못할 때 '본전도 못 찾았다'라고 하죠. 금전적인 것뿐 아니라 어떤 행동이나 말을 했는데 핀잔이 돌아왔을 때도 이렇게 말해요.

범민 일기

아빠는 체스에서 내가 이기면 포켓몬 게임을 하게 해 주겠다고 했다. 최선을 다했지만 내가 지고 말았다. 너무 분해서 엄마를 안고 울었다. 우는 김에 졌지만 게임을 하게 해달라고 했다가 엄마의 불호령이 떨어졌다. 본전도 못 찾았다.

확장
어휘

밑져야 본전: 손해 볼 것 없으니 한번 시도해 봐야 함.

꼬리를 내리다

자신의 의지나 주장을 꺾고 상대에게 순응함을 이르는 말.

강아지는 겁을 먹거나 주인에게 복종할 때 꼬리를 내려 신호를 보내요. 이 모습과 비슷하다 해서 쓰이는 표현인데요. 상대편 기세에 눌려 물러서거나 움츠러들었을 때 이렇게 말합니다. 자신의 주장을 접고 상대의 의견에 동의하거나 따르면서 태도와 자세를 바꾸는 것이죠.

범민 일기

우리 강아지 감자는 아빠가 "어허!" 하면 눈치를 보고 꼬리를 내린다. 아빠도 엄마가 "오빠!" 하고 부르면 비슷한 모습을 보인다. 꼬리는 없지만 납작 꼬리를 내린다.

확장
어휘

낙천지명(樂天知命) : 하늘의 뜻을 깨달아 즐겁게 여기며 삶.

이에요 vs 예요

앞 단어에 받침이 있으면 '이에요'. vs 없으면 '예요'.

'예요'는 '이에요'의 준말이에요. 둘의 쓰임이 비슷하기 때문에 각각 어떤 경우에 쓰는지 헷갈리는데요. 이럴 때는 앞 단어에 받침이 있는지 확인하세요. 받침이 있으면 '이에요'를, 없으면 '예요'를 쓰는 게 맞습니다. 받침이 있는 '만남'이란 단어 뒤에 쓸 때는 '만남이에요', 받침이 없는 '사과' 뒤에는 '사과예요'라고 쓰면 돼요.

범민 일기

엘리베이터를 타면 이웃 어른들을 만나게 된다. 낯선 사람을 만나는 게 어색해서 고개를 숙이거나 딴 데를 쳐다본다. 그런데 오늘은 할머니 한 분이 잘생겼다며 이름을 물어보셨다. 어쩔 수 없이 "전범민이에요"라고 말했는데, 너무 부끄러워서 얼굴이 빨개졌다.

확장
어휘

받침이 없지만 '아니에요'와 '어디에요'는 '예요'를 쓰지 않음.

비몽사몽

완전히 잠들지도 깨지도 않은 어렴풋한 상태.

非	夢	似	夢
아닐 비	꿈 몽	같을 사	꿈 몽

생생한 꿈을 꾸다 잠에서 깨면 이게 현실인지 꿈인지 헛갈릴 때가 있습니다. 여덟 살 된 범민이도 아침마다 잠에서 쉽게 깨지 못하는데요. 억지로 일으켜 세수를 시켜야 비로소 잠에서 깨어나곤 합니다. 아침마다 비몽사몽하지 않기 위해서는 일찍 잠드는 습관을 들이는 게 좋겠죠?

 범민 일기

매일 아침 여덟 시면 할머니가 나를 깨운다. 조금 있으면 아빠가 와서 나를 안고 화장실로 데리고 간다. 나는 비몽사몽인 상태에서 억지로 양치를 한다. 그러면 간신히 잠이 깬다. 방학 때는 푹 잘 수 있어서 좋았다. 방학이 더 길었으면 좋겠다.

확장 어휘

취생몽사(醉生夢死) : 태어나 죽을 때까지 목적 없이 흐리멍덩하게 살아감.

2월 17일

도둑이 제 발 저리다

**죄를 지은 사람은
마음이 불안함을 이르는 말.**

나쁜 짓을 하거나 죄를 지으면 마음이 조마조마하죠. 엄마들은 우리의 불편한 마음을 다 알아요. 눈동자를 이리저리 굴리거나 손을 가만히 두지 못하는 등 어딘가 불편해 보이거든요. 잘못을 했을 땐 솔직하게 말하는 것이 가장 현명한 방법이에요.

범민 일기

친구들과 엘리베이터를 탔는데 구리구리한 냄새가 났다. 의심스러운 녀석이 오히려 화를 내며 누가 방귀를 뀌었냐고 소리쳤다. 도둑이 제 발 저린다는 속담을 알고 있었기 때문에, 그 아이가 범인이라는 것을 눈치챌 수 있었다.

백골난망

몸이 썩어 흰 가루가 되어도 결코 잊지 못할 만큼 고맙다.

白	骨	難	忘
흰 백	뼈 골	어려울 난	잊을 망

백골은 사람이 죽고 나서 살이 다 썩고 남은 흰 뼈를 말해요. 몸이 썩어 흰 가루가 되어도 은혜와 고마움을 잊을 수 없다는 뜻이에요. 주로 다른 사람이 베풀어 준 은혜를 잊지 않겠다고 다짐할 때 쓰는 표현이죠. 고마움이 얼마나 깊으면 죽어서 백골이 되어도 결코 잊지 못할까요? 여러분은 그런 고마움을 느껴 본 적이 있나요?

범민 일기

자기 전에 아빠에게 옛날 이야기를 해 달라고 조른다. 아빠는 큰아빠에게 고마운 게 많다고 했다. 특히 아빠가 대학생 때 외국에서 생활했는데 매달 30만 원씩 보내 준 게 고마웠다며 백골난망이라고 말했다. 아빠는 은혜를 갚을 사람이 참 많은 것 같다.

**확장
어휘**

난망지은(難忘之恩) : 잊을 수 없는 은혜.

누워서 침 뱉기

남을 골탕 먹이려고 한 일에
오히려 자신이 당하게 됨을 이르는 말.

형이나 동생과 다퉜다고 친구들에게 실컷 흉을 본 적 있나요? 이런 행동은 '누워서 침 뱉기'와 같아요. 그 흉을 들은 친구들은 우리 가족을 가볍게 여기고 무시하게 되니까요. 때로는 형이나 동생이 얄밉더라도 소중한 가족이니 아껴 주세요.

범민 일기

우리 팀이 축구대회에서 꼴찌를 했다. 지민이는 "이래서 우리 팀은 안 돼!"라고 했고 승민이는 "우리 팀 애들은 협동심이 없어!"라고 했다. '음, 그런데 모두가 같은 팀 아닌가?' 나는 그런 말들이 '누워서 침 뱉기' 같다고 생각했다.

떡 본 김에 제사 지낸다

우연히 운 좋은 기회에
하려던 일을 해치운다.

제사는 돌아가신 조상님들에게 감사하는 마음으로 음식을 차려 놓고 지내는 유교 행사입니다. 제사에는 고기와 탕, 떡, 과일 등 다양한 음식을 차리는데요. 이 말은 우연히 떡을 본 김에 제사까지 해치운다는 뜻으로 사용합니다.

범민 일기

엄마는 백화점에 가는 걸 좋아하는데 나는 웬만해선 가지 않는다. 어쩌다 엄마의 꼬임에 넘어가 백화점에 가면 나는 필요한 걸 다 산다. 떡 본 김에 제사 지낸다고, 백화점 간 김에 포켓몬 양말과 야구 모자 그리고 레고를 샀다.

2월
19일

지피지기

적과 나에 대해 모두 자세히 알다.

知	彼	知	己
알 지	저 피	알 지	자기 기

유명한 축구 감독들은 경기 전에 상대 팀 전력에 대해서 긴 시간 분석합니다. 상대가 어떤 작전을 쓰는지 알아야 우리 팀 작전을 정할 수 있기 때문이죠. 우리도 마찬가지예요. 누군가를 이기고 싶다면 먼저 상대를 잘 파악하고, 그다음 나를 잘 알아야 합니다. 그렇다면 누구도 두렵지 않을 거예요.

범민 일기

아빠와 체스를 뒀다. 아빠는 퀸을 사용해서 나를 괴롭혔다. 퀸은 사방으로 움직이기 때문에 막기가 어려웠다. 아빠가 퀸을 자주 쓴다는 걸 잘 아는데 체스를 둘 때마다 매번 당하고 만다. '지피지기면 백전백승'이랬는데, 제대로 적용이 안 된다.

확장 어휘

백전백승(百戰百勝) : 싸울 때마다 모두 승리함.

무소식이 희소식이다

소식이 없는 것이 오히려 잘 있다는 기쁜 소식이나 다름없음을 이르는 말.

기다리는 연락이 오지 않아 섭섭해하거나 걱정할 때 쓰는 표현이에요. "무소식이 희소식이야!" 아무 연락이 없다는 것은 별일 없이 잘 지내고 있다는 것과 다름없으니 안심하라는 의미를 담은 말이죠. 그럴더라도 여러분의 소식은 부모님께 자주 알려야 해요.

아들~요즘 왜 연락이 없어? 무슨 일 있니?

별일 없어요. 무소식이 희소식이라는 말도 있잖아요.

범민 일기

엄마는 아빠가 늦은 밤에 운전을 하면 걱정이 된다고 한다. 도착할 시간에 오지 않으면 무슨 일이 있나 더 걱정을 한다. 사랑하는 만큼 걱정하는 거라고 했다. 무소식이 희소식이라는 걸 엄마는 모르는 것 같다.

자업자득

자신이 저지른 일의 결과를 자신이 받다.

自	業	自	得
스스로 자	일 업	스스로 자	얻을 득

우리 속담에 '뿌린 대로 거둔다'라는 말이 있습니다. 어떤 일이 일어난다면 다 그럴 만한 이유가 있다는 뜻인데요. '자업자득'도 비슷한 말입니다. 공부를 열심히 하지 않아서 시험 성적이 좋게 나오지 않았다면 "다 자업자득이지. 누굴 원망하겠어"라고 말할 수 있겠죠?

범민 일기

엄마는 마흔 살이 넘었는데 아직 소녀 같다. 어떨 때 보면 중학생 누나 같다. 엄마한테 어떻게 그럴 수 있냐고 물었더니, 되게 좋아하면서 모두 **자업자득**이라고 했다. 좋은 일 많이 하고 착한 생각 많이 해서 얼굴이 빨리 늙지 않는다나? 어쨌든 기분이 좋다니, 됐다.

확장
어휘

인과응보(因果應報) : 착한 일에는 착한 결과, 나쁜 일에는 나쁜 결과가 따름.

얘기하다 vs 예기하다

이야기하다. vs 미래에 대해 미리 생각하고 기다리다.

발음은 비슷하지만 두 단어의 뜻은 전혀 다릅니다. '얘기하다'는 '이야기하다'의 준말이고요. '예기하다'는 앞으로 닥쳐올 일에 대해 미리 생각하고 기다린다는 뜻이에요. 말로 할 때는 맥락에 따라 이해가 되지만 쓸 때 맞춤법 실수를 하면 문맥이 맞지 않는 이상한 문장이 되니 조심하세요.

범민 일기

아빠의 어릴 적 얘기 듣는 걸 좋아한다. 아빠가 공부한 얘기와 오락한 얘기가 특히 재미있다. 아빠는 나만 할 때부터 오락실을 다녔다고 했다. 할머니한테 몇 번이나 들켜 혼났지만 그래도 계속 갔다고 한다. 몰랐는데, 아빠는 용기 있는 사람이었다.

**확장
어휘**

'이야기'의 '이'와 '야'가 합쳐져 '얘'가 됐다고 생각하면 이해하기 쉬움.

눈총을 맞다

남에게 미움을 받음을 이르는 말.

'눈총'은 '눈에 독기를 띠며 쏘아보는 시선'을 뜻해요. 눈총 안에는 미움과 분노, 서운함, 억울함 같은 여러 감정이 담겨 있겠죠? 그런 찌릿찌릿한 눈빛을 받으면 마음이 불편합니다. 모두에게 사랑받을 수는 없지만 눈총을 맞진 않도록 늘 예의를 갖추는 게 좋아요.

범민 일기

학교에서 선생님의 눈총을 맞는 아이들은 공통점이 있다. 선생님이 말씀하실 때 집중하지 않거나 다른 친구들을 괴롭히고 나쁜 말을 하는 것이다. 나는 선생님에게 예쁨만 받고 싶다.

확장
어휘

눈살을 찌푸리다 : 마음에 들지 않아 못마땅함을 미간을 찌푸려 표현하다.

뜬구름 잡다

막연하거나 헛된 것을 좇음을 이르는 말.

상대가 이해하기 어렵게 구체적이지 않은 말과 행동을 했을 때 이 표현을 써요. 정확하고 현실적인 설명은 오히려 단순하고 쉽죠. 현실과 거리가 먼 막연한 말과 행동을 하늘에 떠 있어 손에 잡히지 않는 구름에 비유한 거예요. 미용실에 가서 머리카락을 자를 때 그냥 예쁘게 잘라 달라고만 하면 헤어디자이너에게 이 말을 들을 수 있어요.

범민 일기

엄마는 매일 계획을 세우라고 한다. 그냥 숙제를 열심히 하겠다는 것은 계획이 아니라 뜬구름 잡는 것이라고 했다. 그래서 나는 매일 계획표를 쓴다.

확장
어휘

호접지몽(胡蝶之夢) : 꿈과 현실을 구분할 수 없음.

어깨가 무겁다

무거운 책임을 져서 마음이 부담스러움을 이르는 말.

어깨가 무겁고 짓눌리는 것 같은 느낌은 상황과 마음에서 비롯됩니다. 중요하게 책임질 일을 맡았거나 모두의 기대를 한 몸에 받고 있을 때 이 표현을 써요. 어깨가 무겁다는 것은 잘해야 한다는 욕심과 의지가 크기 때문인데요. 그러나 즐기는 사람을 이길 수는 없답니다.

범민 일기

아빠와 엄마는 잠잘 때 내 얼굴을 쓰다듬으며 같은 말을 한다. 내가 어른이 될 때까지 열심히 일하고 건강하게 살아야 한다고 말이다. 아마도 어깨가 무거운가 보다. 나는 엄마 아빠가 내 옆에 있는 걸로 충분하다.

확장
어휘

자목지임(字牧之任) : 백성을 돌보고 다스려야 하는 책임, '수령'을 뜻함.

머리에 서리가 내리다

나이가 들어 머리카락이 하얗게 됨을 이르는 말.

날이 몹시 추울 때 공기 중의 수증기가 땅이나 물체 표면에 닿아 생기는 얇고 흰 얼음을 '서리'라고 해요. 사람이 나이가 들면 흰머리가 하나둘 생기기 시작해 까맣던 머리가 어느새 하얗게 변해 버리는데요. 이 말은 세월이 흘러 머리카락이 서리처럼 하얗게 셋다는 비유의 표현입니다.

범민 일기

아빠는 놀다가 힘이 들면 갑자기 머리를 나에게 들이민다. 머리에 서리가 내렸을 만큼 나이가 들었으니 그만하자는 뜻이다. 하지만 비듬이 섞여 있는 머리카락을 보면 나도 더 놀고 싶지 않다.

확장
어휘

백발성성(白髮星星) : 희끗희끗한 백발이 밤하늘의 별처럼 빛남.

2월
23일

부딪히다 vs 부딪치다

수동형 vs 능동형

생김새가 비슷하지만 '부딪히다'는 피동의 상황에서, '부딪치다'는 능동의 상황에서 사용합니다. 피동이라는 건 나는 가만히 있었음에도 예상치 못한 일을 당하는 경우인데요. 예를 들어, "나는 길을 걷다가 버스에 부딪혔다"라고 할 수 있죠. "두 대의 버스가 정면으로 부딪쳤다"는 두 사물이 움직이다 발생한 상황이므로 능동형의 예시가 됩니다.

범민 일기

사촌 형이 졸업식을 했다. 강당에 엄청나게 많은 사람이 모였다. 나는 가만히 있어도 여기저기서 몰려오는 친구들 때문에 계속 부딪힐 수밖에 없었다. 그래도 졸업식은 멋졌다. 온 가족이 형의 졸업을 축하해 줬다.

확장
어휘

두 단어 모두 '부딪다'에서 파생된 동사.

삼고초려

뛰어난 인재를 얻기 위해 초가집을 세 번이나 찾아가다.

三	顧	草	廬
석 삼	돌아볼 고	풀 초	오두막집 려

중국 삼국 시대의 군주 유비가 뛰어난 신하인 제갈량의 마음을 얻기 위해 초가집을 세 번이나 찾아간 데서 비롯된 고사성어입니다. 결국 유비의 마음에 감동한 제갈량은 평생을 헌신하며 아름다운 군주와 신하의 모습으로 이름을 남기죠. 이처럼 누군가의 마음을 얻기 위해 정성을 다하는 모습을 보일 때 '삼고초려'라는 말을 씁니다.

범민 일기

엄마 아빠가 서점에 가자고 했다. 나는 귀찮아서 싫다고 말했다. 그러자 이번에는 마트에 가자고 했다. 나는 멀어서 싫다고 했다. 그러자 축구를 하자고 했다. 나는 추워서 싫다고 했다. 아빠는 이게 무슨 **삼고초려**도 아니고 뭐 하는 거냐고 따지듯 말했다. 갑자기 미안해졌다.

확장 어휘

도원결의(桃園結義) : 같은 뜻을 가진 사람끼리 깊은 우정과 의지를 다짐.

목마른 사람이 우물 판다

**어떤 일이든 가장 급하고 필요한 사람이 나서서
문제를 해결함을 이르는 말.**

집이 어질러진 상황에서도 치우는 사람은 늘 정해져 있습니다. 지저분함을 가장 못 참는 사람이 먼저 나서서 청소를 하는 거죠. 우리 집에서는 주로 제가 청소를 담당하는데요. 이런 상황을 '목마른 사람이 우물 판다'라고 표현해요.

범민 일기

잠자는 시간에는 아빠가 물을 가져다주는 '물 담당'이다. 나는 잠이 오면 목이 마르다. 그런데 어제는 아빠가 먼저 잠이 들었다. 그래서 어쩔 수 없이 내가 직접 물을 떠 왔다. 목마른 사람이 우물을 파는 법이다.

11월

5일

호시탐탐

호랑이가 먹이를 보듯이 남의 것을 탐하며 기회를 엿보다.

虎	視	眈	眈
범 호	볼 시	노려볼 탐	노려볼 탐

맹수가 사냥하는 모습을 본 적이 있나요? 멀리서부터 사냥감을 노려보며 천천히 기회를 엿보다 아주 빠른 속도로 사냥을 하죠. '호시탐탐'은 사냥감을 노려보는 날카로운 눈빛으로 어떤 일을 지켜보면서 알맞은 기회를 노리는 걸 뜻해요. 남의 틈을 노리는 모습인 만큼 긍정보다는 부정적인 의미로 많이 쓰입니다.

범민 일기

아빠는 저녁마다 술을 마신다. 반찬마다 어울리는 술이 따로 있다면서, 매일 술을 마신다. 마트에 가서도 호시탐탐 술을 노린다. 와인도 소주도 맥주도 산다. 정말 대단하다. 나는 커서 절대로 아빠처럼 술을 마시지는 않을 것이다.

확장 어휘

풍운아(風雲兒) : 좋은 기회로 세상에 두각을 나타내는 사람.

2월
25일

병 주고 약 준다

먼저 마음을 아프게 하고는
달래거나 위하는 척 행동하는 것을 이르는 말.

길가에 핀 꽃을 꺾어 꽃병에 담아 물을 줘 본 적 있나요? 햇볕도 듬뿍 받게 해 주고, 고운 말도 전해 보지만 이미 꺾여 버린 꽃은 아플 수밖에 없겠죠. 이렇게 누군가에게 해를 끼쳐 놓고 위하는 척하는 것을 '병 주고 약 준다'라고 표현해요.

범민 일기

엄마가 제일 무서울 때는 내가 거짓말을 했을 때다. 학습지 숙제를 마치지 못했는데 오늘 할 일을 다 했다고 거짓말을 했다가 혼났다. 방에서 숙제를 다 하고 나오니 그제야 엄마가 잘했다고 안아 주었다. 내 생각엔 병 주고 약을 준 것 같다.

지성이면 감천

정성이 지극하면
하늘도 감동해 도와준다는 말.

무슨 일이든 정성을 다하면 좋은 결과를 맺게 된다는 의미예요. 진심을 다해 노력하면 하늘도 알고 도와준다는 뜻이죠. 도저히 불가능할 것 같은 일이라도 포기하지 말고 하늘이 감동할 만큼 노력해 보세요.

범민 일기

줄넘기를 한 개도 넘지 못했던 적이 있다. 그러나 포기하지 않고 엄마와 매일 열심히 연습을 했는데, 하늘이 감동을 했나 보다. 두 개에서 세 개, 다섯 개 그리고 지금의 줄넘기 실력이 되었다. 지성이면 감천이라는 말이 뭔지 알 것 같다.

일편단심

결코 변치 않는 참된 마음.

一	片	丹	心
한 일	조각 편	붉을 단	마음 심

1392년 고려가 멸망하고 조선이 새롭게 만들어졌는데요. 고려의 신하였던 이들은 새로운 나라의 왕을 모실 수 없다며 고향으로 내려가거나 산속으로 들어갔습니다. 그때 고려 선비 정몽주가 "임 향한 일편단심이야 가실 줄이 있으랴"라는 시조를 남기기도 했죠. '한 조각 붉은 마음'이라는 뜻의 일편단심은 '변치 않는 충성되고 참된 마음'을 의미합니다.

범민 일기

사촌 형은 뭐든지 잘한다. 자전거도 잘 타고 게임도 잘하고 포켓몬도 많이 안다. 그래서 나는 형을 사부로 모신다고 했다. 아빠는 나를 보며 형을 향한 **일편단심**이 대단하다고 했다. 아빠는 엄마에게 **일편단심**이라고도 했다.

확장
어휘

충성(忠誠)하다 : 진심으로 몸과 마음을 다하다.

11월

3일

혹 떼러 갔다 혹 붙여 온다

이익을 기대하고 갔다가
오히려 손해를 입고 옴을 이르는 말.

거추장스러운 혹을 떼러 갔다가 혹 하나를 더 달고 온 옛이야기에서 비롯된 속담이에요. 부담을 덜려고 하다가 다른 일까지 맡게 된 경우에 쓰는 표현이죠. 한 손에 무거운 짐을 들고 약속에 나갔는데 친구 짐이 더 많아 양손 가득 무거웠던 그날이 생각나네요.

범민 일기

엄마에게 수학 숙제를 한 장만 줄여 달라고 했다. 숙제를 살펴보던 엄마가 어제 깜빡한 페이지를 발견했다. 오히려 숙제가 더 늘었다. 혹 떼러 갔다 혹 붙여 오고 말았다.

측은지심

힘든 상황에 처해 있는 사람을 안타깝고 가엾게 여기는 마음.

惻	隱	之	心
가볍게 여길 측	가엾어할 은	갈 지	마음 심

중국의 사상가 맹자는 인간이라면 누구나 착한 본성을 타고난다는 '성선설'을 주장했어요. 곤경에 처한 사람을 보면 불쌍히 여기는 마음이 바로 '측은지심'이에요. 어려운 사람을 보았을 때 보상을 바라고 돕는 것이 아니라 저절로 불쌍한 마음이 들어 도와주는 착한 마음이죠.

범민 일기

엄마는 자주 나에게 "측은지심이 있는 착한 아이"라고 말한다. 무슨 말인지 몰랐는데, 엄마는 그냥 착한 마음이라고만 설명해 주었다. 나는 어려운 사람을 보면 마음이 아프다. 텔레비전에 나오는 이야기를 보고도 자주 눈물이 나는데, 그게 바로 측은지심인가 보다.

확장 어휘

동정심(同情心) : 남의 어려움을 자신의 일처럼 여겨 안타까워하는 마음.

들르다 vs 들리다

지나가는 길에 잠깐 들어가 머무르다.

vs 귀로 소리가 알아차려지다.

'들르다'는 "편의점에 들러 간식을 샀다", "학원 가는 길에 우리 집에 잠깐 들러라"처럼 오직 한 가지 의미로만 쓰여요. 반면 '들리다'는 여러 뜻으로 사용합니다. 귀로 소리가 들리는 것 외에도 아래에서 위로 올려지다, 또는 병에 걸리다 등 다양한 의미로도 쓰이죠.

범민 일기

주말에 빼먹지 않고 하는 나의 기쁨이 있다. 할아버지 집에 들러 점심을 먹고 할머니와 함께 대형 마트에 가는 것이다. 마트에 들르는 이유는 할머니가 선물을 사 주시기 때문이다. 그래서 나는 피곤할 때도 꼭 할머니 집에 간다.

확장
어휘

들렀다 vs 들렸다 : 예) 도서관에 들렀다. vs 고양이 울음소리가 들렸다.

불 보듯 뻔하다

앞으로 어떻게 될지 의심할 여지 없이
아주 확실하게 보이는 상황을 이르는 말.

지금의 상황을 미루어 짐작해 보면 앞으로 일어날 일의 결과를 명확하게 알 수 있다는 의미예요. 공부를 하나도 안 하면 시험 결과가 좋을 리 없겠죠? 일찍 잠들지 않으면 아침에 늦잠을 자 지각을 하게 되는 것이 당연하고요. 이런 것이 바로 '불 보듯 뻔한' 결과랍니다.

범민 일기

엄마는 아이스크림을 떠서 컵에 담는 것이 힘들다고 한다. 그러면서 꼭 큰 통에 든 아이스크림만 산다. 시원한 아이스크림이 먹고 싶어 엄마에게 부탁했더니 엄마는 옆에 있는 아빠를 시켰다. 그럴 줄 알았다. 불 보듯 뻔한 일이었다.

확장
어휘

명약관화(明若觀火) : 결과가 어떻게 될지 불을 보듯 분명하고 뻔함.

엉덩이가 무겁다

한곳에 앉으면 좀처럼 일어날 줄 모르는 것을 이르는 말.

'엉덩이가 가볍다'의 반대말이에요. 한번 자리를 잡고 앉으면 웬만해서는 일어날 기색이 없는 사람에게 핀잔을 줄 때 이렇게 말하죠. 하지만 공부에 있어서는 "엉덩이 무거운 사람이 이긴다"라는 말이 있어요. 진득하게 앉아 끈기 있게 노력하는 태도가 좋은 성적을 만들어 낸다는 뜻이죠.

범민 일기

우리 엄마는 엉덩이가 무겁다. 소파에 앉거나 침대에 누우면 꼼짝을 안 하려고 한다. 그건 아빠도 마찬가지다. 사람은 부지런해야 한다더니, 둘이 항상 누워서 꼼짝도 않고 휴대전화를 본다.

확장
어휘

엉덩이가 구리다 : 잘못을 저지른 장본인 같다.

3월

11월

물 만난 물고기

크게 활약하기 좋은 계기를 맞았음을 이르는 말.

어려운 상황에 처해 있다가 드디어 일이 잘될 기회를 맞이했다는 의미로 쓰이는 말이에요. 물고기는 물 없이 살 수 없지요. 사람에게 잡혔다가 우여곡절 끝에 다시 물속으로 들어간 물고기의 힘찬 움직임을 생각해 보세요. 벗어날 수 없을 것 같았던 어려움을 극복하고 마침내 활약할 수 있는 좋은 계기를 맞았을 때 이 표현을 씁니다.

범민 일기

아빠를 따라 와인 가게에 들어갔다. 퀭했던 아빠의 눈이 반짝이고 신이 나 보였다. 물 만난 물고기 같았다. 집에 들어오니 다시 육지에 떨어진 물고기 같다.

확장
어휘

수어지교(水魚之交) : 물과 물고기처럼 서로 떨어질 수 없는 친밀한 사이.

옆구리 찌르다

옆구리를 찔러 신호를 보내는 것을 이르는 말.

옆에 있는 사람이 눈치 없이 너무 신나서 떠들고 있으면 그만 말하라는 신호를 보내고 싶습니다. 하지만 그 사람의 체면을 생각해서 대놓고 말하기 어려운 경우도 있죠. 그럴 때 바로 이 표현을 씁니다. 팔꿈치나 손가락으로 옆구리를 찔러 비밀스럽게 신호를 보내는 거죠.

범민 일기

나는 엄마 아빠의 비밀을 많이 알고 있다. 언젠가 친구들에게 아빠의 비밀을 신나게 떠들고 있는데 엄마가 슬쩍 다가와 내 옆구리를 찔렀다. 그만하라는 뜻인 것 같았지만 나는 멈출 수 없었다.

확장
어휘

눈치코치도 모르다: 남의 생각이나 태도를 전혀 알아차리지 못하다.

등굣길 vs 등교길

학생이 학교에 가는 길을 뜻하는 '등굣길'.

학생이 학교에 간다는 뜻의 한자어 '등교'와 순우리말 '길'이 만나 만들어진 단어예요. 등교와 길 사이에 'ㅅ'이 들어가 두 단어를 매끄럽게 이어 주죠. 이것을 '사이시옷'이라고 해요. 나무와 가지가 합쳐진 '나뭇가지'나 해와 볕이 합쳐진 '햇볕', 수도와 물이 합쳐진 '수돗물'도 마찬가지예요. '등교길'은 틀린 표기입니다.

범민 일기

내일이면 새 학기가 시작된다. 내가 초등학교 2학년이라는 게 믿기지 않는다. 항상 나의 **등굣길**을 안전하게 함께해 준 엄마에게 고맙다. 내일부터 시작될 2학년 학교 생활이 기대된다.

확장
어휘

하굣길 : 공부를 마치고 학교에서 집으로 돌아오는 길. 하교길(×)

유비무환

미리 대비를 해 두면 근심할 일이 없다.

有	備	無	患
있을 유	준비할 비	없을 무	근심 환

학창 시절 시험 기간이 다가오면 늘 머리가 아팠습니다. 미리미리 공부를 해 두었으면 문제가 없었을 텐데, 이런저런 핑계로 공부를 하지 않았기 때문이죠. 그래서 늘 벼락치기를 했고 결과는 신통치 않았습니다. 시험뿐 아니라 인생 역시 미리 준비를 해 두면 근심 걱정이 없겠죠? '벼락치기'보다는 '유비무환'의 습관을 들이기를 추천합니다.

범민 일기

엄마가 독감에 걸렸다가 며칠 뒤 나았다. 그래서 나는 마스크를 벗었다. 하지만 그 때문인지 며칠 뒤에 내가 독감에 걸렸다. 다행히 예방주사를 맞아서 많이 아프지는 않았다. 미리 주사 맞기를 정말 잘했다. 이거야말로 유비무환이다.

**확장
어휘**

거안사위(居安思危) : 평안할 때도 위험이 닥칠 것을 대비해 미리 준비해야 함.

세 살 버릇이 여든까지 간다

한번 든 버릇은 고치기 어려우니
어렸을 때부터 좋은 습관을 길러야 한다는 말.

어릴 때 몸에 밴 습관은 나이가 들어서도 잘 변하지 않아요. 범민이 아빠는 어릴 적 다리를 떨던 습관이 지금도 남아 있어요. 텔레비전을 보거나 전화 통화를 할 때 덜덜덜, 나쁜 버릇이 나와요. 그럴 때마다 다리를 '탁!' 치는데, 그래도 고쳐지지 않는답니다.

범민 일기

나는 양치를 잘한다. 아무리 졸려도 꼭 이를 닦는다. 세 살 버릇이 여든까지 가기 때문에 지금 습관을 들여야 이가 썩지 않을 것 같다. 그런데 가끔 엄마는 나에게 그냥 자라고 해서 내가 화를 낼 때가 있다. 엄마 때문에 치과에 갈 뻔했다.

함흥차사

심부름을 보냈는데 한참이 지나도 아무런 소식이 없음을 이르는 말.

咸	興	差	使
모두 함	일 흥	어긋날 차	하여금 사

조선의 제1대 왕 이성계는 다음 왕이 되겠다고 다투는 아들들이 보기 싫다며 함흥으로 가 버렸습니다. 동생을 죽이고 왕이 된 이방원은 함흥으로 사신을 보냈는데요. 이성계는 이방원에 대한 분노로 사신을 모두 죽여 버렸습니다. 이때부터 '함흥으로 간 사신이 돌아오지 않는다'라는 뜻으로 이 말이 쓰였습니다. 일이 진행되지 않고 소식조차 없을 때 사용합니다.

범민 일기

아빠는 나한테 빚을 졌다. 주차비를 자주 빌려 갔기 때문이다. 이제껏 빌려 간 돈만 20만 원이 넘는다. 나는 매일 돈을 갚으라고 말했지만 아빠는 계속 들은 척 만 척했다. 이거야말로 함흥차사다. 화가 나서 아빠 지갑을 열어 봤다. 그런데 정말 돈이 없었다. 불쌍했다.

확장
어휘

감감무소식: 오랫동안 아무런 소식이나 연락이 없음.

빈 수레가 요란하다

제대로 알지 못하는 사람이
더 아는 체하고 떠든다는 말.

짐을 싣지 않은 빈 수레가 달릴 때 나는 소리는 소음 그 자체예요. 빈 깡통 소리가 더 요란한 것과 마찬가지죠. 아는 것이 부족한 사람일수록 더 아는 체를 하고 말이 많은 법입니다. 제대로 아는 사람은 말을 아끼고 겸손한 모습을 보이죠.

범민 일기

나는 축구를 할 때 말을 많이 한다. 코치님이 나에게 물으셨다. "범민아, 말을 하면서 뛰는 거 힘들지 않니?" 그 말은 빈 수레가 요란하다는 뜻이었을까?

자다가 봉창 두드린다

뜻밖의 일이나 말을
갑자기 불쑥 내미는 행동을 이르는 말.

봉창은 종이를 발라 막아 둔 창을 말해요. 단잠을 자다 깨서 갑자기 봉창을 두드린다면 주변 사람들이 깜짝 놀라겠죠? 이처럼 누군가 상황에 맞지 않는 엉뚱한 말이나 행동을 해서 당황스러울 때 쓰는 표현이에요.

범민 일기

아파트 화재경보기가 잘못 울린 날이 있었다. "비상! 비상!" 하는 소리가 나서 엄마 아빠가 관리실에 전화를 걸어 확인했다. 아무 일 없으니 안심해도 된다는 연락을 받았다. 자다가 봉창 두드린다더니, 내가 얼마나 놀랐는지 아무도 모를 거다.

백해무익

이로운 건 하나도 없이 오직 해롭기만 하다.

百	害	無	益
일백 백	손해 해	없을 무	이로울 익

어떤 일이나 행동이 온통 해롭기만 할 뿐 도움이 되는 게 하나도 없다는 뜻이에요. 그건 습관일 수도 있고, 사물이나 사람일 수도 있어요. 어른들이 마시는 술은, 의사들이 말하길 백해무익하다고 해요. 술을 마시는 것은 100가지 해로움만 있고 단 한 가지의 이로움도 없다는 의미죠.

범민 일기

나는 **백해무익**이라는 말을 믿지 않는다. 나쁜 점과 좋은 점이 섞여 있는 걸 잘 발견하지 못할 뿐이라고 생각한다. 게임도 자세히 보면 반드시 해로움만 있는 것은 아니다. 이 말은 엄마에게 꼭 해 주고 싶다.

확장
어휘

유해무익(有害無益) : 해롭기만 할 뿐 이로움이 없음.

누울 자리 봐 가며 발을 뻗어라

**무턱대고 실행하지 말고 결과를 예상하면서
일을 진행해야 함을 이르는 말.**

어떤 일을 시작하기 전에 결과를 미리 살핀 후 하라는 뜻이에요. 즉, 상황에 맞지 않는 일은 하지 말라는 거죠. 피자집에서 외식을 하는 중에 짜장면을 시켜 달라고 떼를 쓴다면 이 속담이 잘 맞겠네요.

범민 일기

이모 집은 정말 깨끗하다. 간식은 무조건 식탁에서만 먹는다는 규칙이 있기 때문인 것 같다. 어느 날 과자를 들고 소파에 가다가 이모한테 걸렸다. 애교를 부려도 소용이 없었다. 누울 자리를 봐 가며 발을 뻗어야 했는데….

목불인견

상황이 처참하거나 어처구니없어 차마 눈 뜨고 볼 수 없다.

目	不	忍	見
눈 목	아닐 불	참을 인	볼 견

자연재해나 사고로 인해 참혹한 상황이 발생했을 때 차마 눈 뜨고 볼 수 없는 안타까움을 표현하는 말이에요. 충격적인 상황을 나타낼 때 사용하죠. 한편으로는 자기 자랑을 심하게 하는 등 어처구니없는 태도를 보이는 사람에게도 이 표현을 써요. '꼴불견'처럼 우습고 거슬릴 때 이 말로 불편한 마음을 대신하죠.

범민 일기

이스라엘의 폭격으로 심하게 다친 친구들을 신문과 뉴스에서 보았다. 너무 무섭고 불쌍해서 텔레비전을 제대로 볼 수가 없었다. 쓰러진 아이들을 안고 우는 어른들 모습에 가슴이 아프다. 신문에는 '아이들이 무슨 죄, 아동 피해 **목불인견**'이라고 적혀 있었다.

확장
어휘

가관(可觀) : 꼴이 볼 만하다는 뜻으로, 남의 말과 행동을 비웃는 말.

창피 vs 챙피

'체면이 깎이는 일로 인한 부끄러움'을 뜻하는 '창피'.

더 쉽게 소리를 내기 위해 '챙피'라고 발음하는 경우가 많지만 올바른 표기는 '창피'입니다. 체면이 깎이는 일을 당하거나 아니꼬운 일을 당해 부끄러움을 느끼는 것을 뜻하는데요. 예를 들어, "제가 오늘 길을 가다가 넘어졌어요. 많은 사람이 걱정스러운 눈빛으로 저를 쳐다보았죠. 너무 창피해서 아픈 줄도 몰랐답니다" 하는 식으로 쓰여요.

범민 일기

어떤 아이가 길에서 엄마에게 심하게 혼났다. 순간 나하고 눈이 마주쳤는데 많이 창피했을 것 같다. 아무리 잘못했어도 사람이 많은 곳에서는 혼내지 말아야할 것 같다. 집에서 조용히 혼내는 게 어떨까?

확장
어휘

낯 뜨겁다: 남 보기 무안하거나 부끄러워 얼굴이 화끈거린다.

비행기 태우다

**다른 사람을 지나치게 칭찬하거나
높이 치켜세워 주는 것을 이르는 말.**

누군가에게 칭찬을 많이 받으면 기분이 너무 좋아 하늘에 붕 떠 있는 느낌이 들어요. 마치 비행기를 탄 것처럼요. 자신이 생각하는 것 이상으로 큰 칭찬을 받았을 때 겸손의 의미를 담아 "비행기 태우시네요"라고 말합니다. 칭찬이 과하니 적절하게 해 달라는 쑥스러움의 표현이기도 해요.

범민 일기

내가 사고력 수학을 잘 풀면 엄마는 옆에서 "우리 아들 천재네!", "범민이 대단하네!"라고 말한다. 이 말이 싫지는 않지만 내가 그 정도는 아니라는 걸 알고 있다. 그래서 엄마가 말로 비행기를 태울 때도 나는 높이 뜨지 않는다.

확장
어휘

치켜세우다: 정도 이상으로 크게 칭찬하다.

목에 거미줄 치다

오랜 기간 굶주린 상태를 이르는 말.

시골 마을에 가면 거미줄을 많이 볼 수 있습니다. 특히 오고 가는 사람이 많지 않은 곳에서 수없이 많은 거미줄을 발견할 수 있는데요. 오랜 기간 굶주렸거나 가난해서 아무것도 먹지 못하는 처지가 되었을 때 '목에 거미줄 치다'라는 표현을 사용합니다. 제대로 먹지 못했다는 걸 조금 과장되게 표현한 거죠.

범민 일기

학교에 다녀와서 내가 제일 먼저 하는 말은 "먹을 거 좀 주세요!"다. 분명히 밥을 먹고 왔는데도 집에만 오면 배가 고프다. 누가 보면 그동안 목에 거미줄 친 줄 알겠다.

확장
어휘

삼순구식(三旬九食) : 몹시 가난하고 배가 고픔.

파김치가 되다

몹시 지쳐서 기운이 전혀 없음을 이르는 말.

파가 싱싱할 때는 꼿꼿하고 힘이 있어요. 파릇파릇 생기도 돌죠. 그러나 이런 파를 소금에 절여서 파김치를 담그면 축 늘어져 버린답니다. 이 표현은 일상생활에서 자주 쓰는 말인데, 몹시 지쳐 늘어지고 나른한 상태를 나타내요. 회사 일에 지쳐 파김치가 된 아빠를 떠올려 보세요.

범민 일기

우리 할머니는 김치 담그는 게 취미인 것 같다. 마트에 가서 배추나 열무, 부추나 파를 보면 정말 기뻐하신다. 하지만 김치를 담그고 나면 완전히 지쳐 파김치가 된다. 김치보다 중요한 건 할머니인데, 취미를 바꾸시면 좋겠다.

확장
어휘

녹초가 되다: 맥이 풀려 힘을 못 쓰고 늘어진 상태가 되다.

입안의 혀 같다

시키는 사람 뜻대로 약삭빠르게 따라 줌을 이르는 말.

입안에 혀가 있다는 걸 느끼는 순간이 자주 있나요? 생각보다 혀의 존재를 인식하는 순간이 많지 않을 거예요. 그만큼 혀는 있는 듯 없는 듯 자신의 역할에 충실한 셈인데요. 이런 혀의 특징 때문일까요? 누군가의 눈치를 보며 하자는 대로 약삭빠르게 잘 따라 줄 때 이 말을 사용합니다.

범민 일기

사고 싶은 게 있을 때 아빠와 나의 공통점이 발휘된다. 바로 엄마에게 입안의 혀처럼 굴어 허락을 받아 내는 것이다. 이럴 때 우리는 환상의 콤비다. 엄마는 백발백중 넘어온다.

확장
어휘

아부영합(阿附迎合) : 자기 생각이나 주관 없이 남의 말에 아부하며 따라감.

반드시 vs 반듯이

틀림없이 꼭. vs 기울어지거나 굽지 않고 바르게.

발음은 같지만 상황에 따라 구분해 써야 하는 서로 다른 의미의 말이에요. 어려움이 있더라도 꼭 해낸다는 의미를 담고 있는 '반드시'는 '기어이', '기필코'와 같은 굳은 의지를 나타내죠. '반듯이'는 생각이나 행동에 비뚤어짐이 없는 곧은 상태를 의미해요. '반듯하게 앉아서 물건을 반듯이 놓다'라고 쓸 수 있죠.

범민 일기

집에서 지켜야 할 규칙은 옷을 **반듯이** 벗어서 제자리에 놓는 것이다. 몇 가지 **반드시** 지켜야 할 약속 중 하나다. 엄마 아빠도 허물처럼 벗어 놓을 때가 있는데, 나에게만 엄격한 규칙인 것 같다.

확장
어휘

번듯이 : 비뚤어지거나 굽지 않고 바르게, 생김새가 훤하고 멀끔하게.

촌철살인

짧고 간결하지만 매우 강력한 말로 사람의 마음을 움직이다.

寸	鐵	殺	人
치 촌	쇠 철	죽일 살	사람 인

한 치, 즉 약 3센티미터밖에 안 되는 쇠붙이로도 사람을 해칠 수 있다는 뜻이에요. 마찬가지로, 짧은 한 마디 말로도 상대의 약점을 찌르거나 감동을 줄 수 있다는 의미죠. 상대의 약한 부분을 제대로 건드려 일침을 가하려면 상황을 정확하게 꿰뚫는 능력이 있어야 합니다. 작가와 기자가 꼭 갖춰야 할 능력이기도 하죠.

범민 일기

우리 아빠는 촌철살인의 대가다. 말 한 마디가 너무 강력해서 나는 쓰러질 만큼 웃거나 약점을 공격당해 운다. 아빠를 닮아 나도 점점 촌철살인의 대가가 되어 가는 것 같다. 엄마가 내 말을 들으면 웃겨서 우는 게 그 증거다.

확장 어휘

정문일침(頂門一鍼) : 따끔한 충고나 교훈.

무쇠도 갈면 바늘이 된다

도저히 불가능해 보이는 일이라도
꾸준히 노력하면 이룰 수 있다는 말.

손흥민 선수의 아버지 손웅정 감독은 아들이 열 살 때부터 매일 여섯 시간씩 기본기 훈련을 시켰다고 해요. 부족했던 왼발 위주의 훈련 덕분에 손흥민 선수는 양발을 자유자재로 활용하는 최고의 축구 선수가 되었죠. 세상에 노력해서 안 되는 일은 없어요.

범민 일기 〉 수학 문제가 어려우면 머리가 아파 오면서 답답해진다. 엄마는 너무 어려우면 조금 쉬운 문제로 바꿔 보자고 한다. 하지만 나는 중간에 포기하지 않고 끝까지 풀어 보겠다고 했다. "무쇠도 갈면 바늘이 된다고요!"

침소봉대

작은 일을 크게 부풀려 떠벌리다.

針	小	棒	大
바늘 침	작을 소	몽둥이 봉	큰 대

작은 바늘을 큰 몽둥이만 하다고 떠벌리는 것을 말해요. 즉, 작은 실수를 큰 일인 것처럼 비난하거나 과장된 말로 큰 소란을 일으키는 경우에 쓰이죠. 별것 아닌 일에 살을 붙여 말을 만들어 내는 사람들이 어느 곳에든 있어요. 그래서 상황을 직접 정확하게 바라보는 것이 중요하답니다.

범민 일기

엄마가 국수를 먹고 체했다. 토할 것처럼 속이 안 좋다고 한다. 나는 이모에게 곧바로 전화를 해 엄마가 아파서 토했다고 전했다. 뒤에서 엄마가 혼을 냈다. 나는 걱정이 돼서 약간 부풀려 알린 건데 **침소봉대**한 꼴이 되었다.

확장
어휘

과대황장(過大皇張) : 사실보다 지나치게 과장해 떠벌림.

수박 겉핥기

속 내용은 모르고
겉만 대충 건드리는 것을 이르는 말.

수박이 잘 익었는지는 수박의 딱딱한 껍질을 열어 봐야 알 수 있죠. 겉만 핥아서는 수박 맛을 알 수 없어요. 마찬가지로 책상에 앉았다고 공부를 한 것은 아니에요. 책 내용을 꼼꼼히 이해했을 때 비로소 진짜 공부를 한 것이죠.

범민 일기

나는 책 읽기가 재미있다. 책을 다 읽으면 엄마가 퀴즈를 내고, 퀴즈를 다 맞히면 칭찬 스티커를 준다. 책을 수박 겉핥기로 읽지 말라고 엄마가 생각해 낸 방법이다. 좋은 방법인 것 같다.

방귀 뀐 놈이 성낸다

잘못을 한 사람이 오히려
화를 내는 상황을 이르는 말.

잘못한 사람이 반성을 하지 않고 오히려 큰소리치며 화를 낸다는 뜻이에요. 돌아다니며 밥을 먹는 아이에게 식사 예절을 지키라고 했더니 "나 밥 안 먹어!" 하며 도리어 화를 내는 경우죠. 잘못을 하고도 반성하지 않고 사과도 하지 않으면 이런 말을 들을 수 있어요.

범민 일기

방을 깨끗하게 치우는 건 어렵다. 나는 책도 많고 장난감도 많기 때문이다. 엄마가 방을 치우라고 명령을 내리면 나는 가끔 큰 소리를 친다. "이렇게 어질러져 있는데 어떻게 치우라는 거예요?" 내가 생각해도 방귀 뀐 놈이 성을 낸 것 같다.

인지상정

사람이라면 누구나 갖고 있는 보통의 정서나 감정.

人	之	常	情
사람 인	갈 지	항상 상	뜻 정

우리는 모두 마음속 깊이 따뜻한 감정을 가지고 있습니다. 주변에 그렇지 않은 친구가 있다면 아마도 겉으로 표현하지 못하는 것일 뿐이겠죠. 누군가 나에게 따뜻한 마음을 내보이면 감사한 마음으로 받고, 나 역시 다른 이들에게 그런 마음을 전하면 됩니다. 이런 마음을 우리는 '인지상정', 즉 사람으로서 갖게 되는 자연스러운 감정이라고 표현해요.

범민 일기

엄마는 내가 아플 때면 언제나 밤새 간호해 준다. 그런데 아빠는 내가 아파도 잠을 잔다. 내일 회사를 가야 하기 때문이라고 하지만 나는 화가 난다. 오늘도 아빠가 왜 엄마만 좋아하고 자기는 안 좋아하냐고 묻길래 똑똑히 말해 줬다. 그게 다 인지상정이라고 말이다.

확장 어휘

인정(人情) : 사람이 본래 가지고 있는 감정.

겉 다르고 속 다르다

마음속으로는 좋지 않게 생각하면서
겉으로는 좋은 척 거짓으로 행동함을 이르는 말.

겉과 속이 같지 않아 꾸며서 행동하는 거짓된 사람을 표현하는 말이에요. 겉으로는 친구와 친하게 지내자고 하면서 속으로는 미움과 질투를 담고 있는 경우죠. 진실하지 못한 마음과 행동은 언젠가 드러나기 마련이에요.

범민 일기

내가 좋아하지 않는 친구가 있다. 말을 함부로 하고, 지나가는 친구들의 머리를 툭툭 친다. 내 친구들은 웬만하면 그 아이 근처에 가지 않는다. 좋을 일이 없기 때문이다. 하지만 마주치면 반갑게 인사한다. 겉 다르고 속 다른게 꼭 나쁜 것일까?

동분서주

이리저리 몹시 바쁘다.

東	奔	西	走
동쪽 동	달릴 분	서쪽 서	달릴 주

'동쪽으로 달리고 서쪽으로 달린다'는 말은 무언가를 해결하기 위해 서두르며 최선을 다하는 느낌을 전해 줍니다. 아무리 어려운 일이라고 해도 '동분서주'해 가며 진심을 다해 모든 노력을 기울인다면 이뤄 낼 수 있겠죠? 하지만 '동분서주'하기 전에 충분히 머릿속으로 고민해 보고 생각을 정리하기를 권합니다.

범민 일기

아빠가 레고를 사 주겠다고 약속했다. 하지만 약속을 지키지 않았다. 아빠는 **동분서주**하며 모든 대형 마트를 다녀왔다고 말했다. 화가 났지만 **동분서주**했다는 말에 용서하기로 했다. 다음에 두 개를 사 달라고 할 생각이다.

확장
어휘

분주(奔走) : 매우 바쁘게 뛰어다님.

틀리다 vs 다르다

사실이 맞지 않다. vs 서로 같지 않다.

일상생활에서 가장 자주 쓰지만 가장 자주 잘못 쓰는 표현이에요. '틀리다'는 '옳지 않다' 또는 '판단이 잘못되었다'는 의미로 쓰여요. 오류나 실수에 쓸 수 있는 말이죠. "3번 문제의 답이 틀렸다"처럼요. 반면 '다르다'는 비교를 통해 서로 같지 않은 점을 말할 때 쓰입니다. "형과 나는 좋아하는 음식이 다르다"처럼요.

범민 일기

엄마와 아빠는 성격이 다르다. 나는 엄마와 성격이 똑같다. 우리는 서로 다른 점이 많지만 셋이 잘 맞는다. 다른 것은 각자의 매력이지, 틀린 것이 아니다. 우리의 성격은 모두 다 옳다.

확장
어휘

틀린 그림 찾기(x) / 다른 그림 찾기(○)

3월
14일

혀를 내두르다

몹시 놀라거나 어이가 없어 할 말을 잃은 상태를 이르는 말.

다양한 친구들과 어울리다 보면 당황스럽고 황당한 일을 겪기도 하죠. 그럴 때 주로 사용하는 말이 "어이없어!"일 겁니다. 어른들도 어이없다는 말을 자주 쓰는데요. 이와 같은 뜻으로 사용할 수 있는 표현이 바로 '혀를 내두르다'입니다. 친구들이 이상한 행동을 하면 점잖게 말해 보세요. "혀를 내두를 일이군!"

범민 일기

오늘 학교에서 친구가 방귀를 뀌었다. 내가 보기에 실수가 아니라 일부러 뀐 것 같다. 나는 방귀를 뀌고 싶어도 참았다가 친구들이 없는 데서 뀌는데 그 친구는 굳이 옆에 와서 뀐다. 정말 혀를 내두를 일이다.

확장
어휘

혀가 꼬부라지다 : 술에 취해 발음이 똑똑하지 않다.

눈 밖에 나다

믿음을 잃고 미움받음을 이르는 말.

살다 보면 좋은 사람만 만나게 되는 건 아닙니다. 주변 사람이 하는 행동이 마음에 들지 않기도 하고, 어떤 경우에는 특별한 이유 없이 누군가가 싫어지기도 하죠. '눈 밖에 나다'라는 말은 누군가를 부정적으로 평가할 때 사용해요. 윗사람보다는 아랫사람에 대한 평가를 할 때 자주 쓰이죠.

 범민 일기

내가 가장 싫은 것은 선생님의 눈 밖에 나는 것이다. 인사를 잘하고, 숙제를 성실하게 하면 선생님께 혼날 일이 별로 없다. 누군가에게 사랑받는 것은 행복한 일이니까, 나는 모범생이 될 거다.

확장 어휘

눈감아 주다: 남의 잘못을 알고도 못 본 척 이해하고 봐주다.

기를 쓰다

있는 힘을 다하는 것을 이르는 말.

기(氣)는 우리 안에 있는 힘을 뜻하는 단어입니다. '기를 쓰다'라는 말은 내 안에 있는 모든 힘을 기울여 최선을 다한다는 뜻이죠. 여러분은 어떤 일에 진심인가요? 공부일 수도, 독서일 수도, 게임일 수도 있겠죠. 그게 무엇이든 최선을 다해 임할 때 후회 없는 결과가 기다리고 있을 거예요.

범민 일기

아빠의 별명은 '돼지'다. 배가 많이 나왔기 때문이다. 아빠처럼 되고 싶지 않은지 엄마는 요즘 다이어트를 한다. 아침저녁으로 몸무게를 잰다. 기를 쓰는 엄마를 보며 아빠는 그냥 편하게 살라고 했다. 나는 엄마가 다이어트에 성공하길 바란다.

확장
어휘

죽기 살기로: 매우 열심히, 할 수 있는 만큼 최선을 다해서.

이를 악물다

어려움을 이겨 내기 위해 굳은 결심을 하거나
힘든 상황을 꾹 참음을 이르는 말.

친구와 달리기를 해 본 적 있나요? 열심히 달려도 도무지 따라가지 못할 만큼 빠른 친구를 만나면 그만 포기하고 싶은 마음이 들기 마련인데요. 그럼에도 불구하고 마지막까지 달려 보려 할 때 이 표현을 씁니다. 무언가를 이루기 위해 굳게 결심했을 때 사용하기 좋아요.

범민 일기

나는 빌 게이츠와 스티브 잡스를 좋아한다. 두 사람의 공통점은 어려운 일이 닥쳤을 때 이를 악물고 위기를 견뎌 냈다는 것이다. 엄마는 나에게 '근성'이 있어서 좋다고 한다. 그게 바로 이를 악물 수 있는 힘이라고 했다.

확장
어휘

백절불굴(百折不屈) : 어떤 어려움에도 굴하지 않음.

꼼꼼히 vs 꼼꼼이

매우 차분하고 빈틈없다는 의미의 '꼼꼼히'.

차분하고 조심스러운 모양을 뜻하는 말, '꼼꼼히'와 '꼼꼼이'가 헷갈리죠? 그럴 때에는 뒤에 '~하다'를 붙여 의미가 통할 경우 '~히'를 붙이면 돼요. '꼼꼼하다'는 자연스럽죠? 그러니 '꼼꼼히'가 맞아요. 반면 '틈틈하다'는 어색하죠? 그래서 '틈틈이'가 맞는 거고요. 어려운 것 같지만 반복해서 보면 금세 익숙해질 거예요.

범민 일기

엄마가 나의 부족한 점을 지적했다. **꼼꼼하지** 못한 것이 약점이라고 했다. 자기 물건을 **꼼꼼히** 챙기고 글씨를 **꼼꼼히** 쓴다면 더 멋진 초등학생이 될 수 있을 거란다. 무슨 얘긴지 아직은 잘 이해를 못 하겠다.

확장
어휘

샅샅이 : 빈틈없이 모조리. 샅샅히(×).

오매불망

누군가를 자나 깨나 잊지 못하고 늘 그리워하다.

寤	寐	不	忘
깰 오	잠잘 매	아닐 불	잊을 망

잠들지 못할 만큼 누군가를 보고 싶어 하고 가슴 아프도록 그리워하는 것을 이르는 말이에요. 기다리고 좋아하는 마음을 담은 표현이어서 일상생활에서도 자주 쓰이죠. 상대에 대한 깊은 마음을 전하는 말이므로 잘 익혀서 좋아하는 친구에게 사용해 보세요.

범민 일기

우리 엄마는 일을 하고 들어올 때마다 꼭 내 선물을 준비한다. 내가 좋아하는 젤리나 빵 같은 것을 잊지 않는다. 선물이 없어도 엄마가 보고 싶지만 항상 서프라이즈가 있는 엄마를 나는 **오매불망** 기다린다.

확장 어휘

오매사복(寤寐思服) : 자나 깨나 늘 생각함.

3월
17일

입에 쓴 약이 병을 고친다

자신에 대한 충고가 당장은 듣기 싫지만
귀담아들으면 더 나은 사람이 될 수 있다는 말.

당근이나 토마토 같은 채소는 달콤하지 않아요. 그러나 우리 눈을 좋게 해 주고, 우리 몸을 건강하게 만들죠. 면역력도 높여 줍니다. 누군가 나를 위해 해 준 충고를 고맙게 여긴다면 내가 더 나은 사람이 되는 데 큰 도움이 될 거예요.

우리 할머니는 잔소리가 많다. 그래서 나는 할머니를 '걱정 인형'이라고 부른다. 그래도 나를 너무 사랑해서 하는 걱정이라고 생각한다. 입에 쓴 약이 병을 고친다니까, 할머니의 잔소리도 참고 들으려고 노력한다.

다재다능

재주도 많고 능력이 뛰어나 할 줄 아는 것이 다양함.

多	才	多	能
많을 다	재주 재	많을 다	능할 능

한 가지 분야만 뛰어난 게 아니라 다양한 것을 두루두루 잘하는 사람에게 이 표현을 써요. 수학을 탁월하게 잘하지만 거기에 더해 운동도 잘하고 그림까지 잘 그리면 다재다능하다고 할 수 있죠. 어떤 음식에 넣어도 훌륭한 맛을 만들어 내는 소스를 '만능 소스'라고 하는데, 다재다능과 만능은 비슷한 의미예요.

범민 일기

엄마는 어릴 때 운동을 잘 못해서 아쉬운 게 많았다고 한다. 지금도 자전거를 못 타고 달리기도 잘 못 한다. 그래서 나를 축구 학원, 태권도 학원에 보내는 것 같다. 근데 공부도 잘해야 한다고 하니, **다재다능**한 아들을 원하나 보다. 꿈이 크다.

확장 어휘

팔방미인(八方美人) : 여러 가지가 뛰어난 사람.

천 리 길도 한 걸음부터

**무슨 일이든 처음 한 걸음을 시작하는 것이
중요함을 강조하는 말.**

한 걸음 내딛는 것부터 시작해야 비로소 먼 길에 도달할 수 있다는 말이에요. 책 한 권을
끝까지 읽으려면 맨 앞 장을 넘기는 것부터 시작해야 하겠죠? 언제 다 읽을 수 있을지 까
마득하지만 한 장씩 꾸준히 넘기다 보면 어느덧 마지막 책장을 넘길 수 있을 거예요.

범민 일기

나는 시리즈 책을 읽기 좋아한다. 천 리 길도 한 걸음부터라고 했으니까 먼
저 1권부터 다 읽기로 한다. 마음을 먹었으니 10권까지 못 읽을 것도 없다.
차근차근 다 읽고 나면 승자가 될 것 같다.

고슴도치도 제 새끼는 함함하다고 한다

털이 꼿꼿한 고슴도치도 제 새끼 털은 부드럽다고 하는 것처럼 부모 눈에는 자기 자식이 다 예쁘고 귀함을 이르는 말.

'함함하다'는 털이 보드랍고 반지르르하다는 뜻이에요. 고슴도치의 털은 가시 같지만 엄마 아빠 고슴도치에게는 그 털마저 보드랍게 느껴질 만큼 자기 자식이 예쁘고 귀엽다는 뜻이죠.

범민 일기

외할머니가 엄마를 혼낼 때 나는 엄마 편을 든다. "할머니! 왜 자기 자식한 테 화를 내요?"라고 한다. 고슴도치도 제 새끼는 함함하다고 한다는데 말 이다.

절차탁마

옥돌을 갈고 닦아 빛을 내는 것처럼 부지런히 공부한다.

切	磋	琢	磨
자를 절	갈 차	쫄 탁	갈 마

단단한 옥돌을 자르고 갈고 쪼며 다듬는 데 엄청난 시간과 노력이 필요합니다. 공부도 마찬가지인데요. 초등학교부터 고등학교까지 교육을 받는 데만 12년이 걸리니, 이것이야말로 '절차탁마'라고 할 수 있을 겁니다. 아마도 우리의 인격을 갈고 닦는 데는 옥돌이나 공부보다 더 오랜 시간이 걸리겠죠?

범민 일기

이제 2학년이 됐다. 그런데 고학년 사촌 형과 누나를 보면 힘들어 보인다. 공부해야 할 것도 많은 것 같다. 엄마는 나한테 겁먹지 말라고 이야기해 준다. 절차탁마의 마음으로 공부를 하라고 하는데, 나는 그게 더 무섭다.

**확장
어휘**

절치부심(切齒腐心) : 분한 마음에 이를 갈고 마음을 썩이며 기회를 노림.

땅 짚고 헤엄치기

무척 하기 쉬운 일을
이르는 말.

수영을 배우지 않아도 얕은 물에서 땅을 짚고 헤엄치는 것은 정말 쉽죠. 요리사에게는 칼질이, 프로 게이머에게는 게임이, 축구 선수에게는 드리블이 땅 짚고 헤엄치기와 같이 쉬운 일이겠죠?

범민 일기
일곱 살 때 처음 구구단을 외우느라 힘들었다. 엄마는 잘 때마다 구구단 노래를 불러 주었고, 구구단 표를 방문에 붙여 놓았다. 이제 구구단 문제는 나에게 땅 짚고 헤엄치기가 되었다.

차일피일

정해진 기한을 이 날 저 날로 자꾸 미루다.

此	日	彼	日
이 차	날 일	저 피	날 일

어떤 일을 해내기 위해서는 마무리하는 날짜를 정해 놓는 게 좋아요. 처음에는 열심히 하겠다고 마음을 단단히 먹어도 이내 풀어져서 '차일피일' 계획했던 일을 미루게 되기 때문이죠. 처음부터 무리하게 계획을 잡을 필요는 없어요. 하루에 할 수 있는 양을 정확히 정하고, 무슨 일이 있어도 그 양은 꾸준히 해 나가는 게 중요합니다.

범민 일기

아빠랑 코엑스에 놀러 가서 포켓몬 게임을 함께 하기로 했다. 하지만 정확하게 날짜를 정하지는 않았다. 내일 가자고 하니 퇴근이 늦는다고 했고, 그 다음 날엔 술 약속이 있다고 했다. **차일피일** 미루는 모습에 화가 나서, 그럴 거면 엄마와 가겠다고 소리를 질렀다.

확장 어휘

미적미적 : 해야 할 일을 자꾸 미루며 시간을 끌고 망설이는 모양.

10월
12일

쟁이 vs 장이

속성을 많이 가진 사람. vs 기술을 가진 수공업자.

사람의 성질이나 행동 등을 나타내는 말 뒤에 '쟁이'를 붙여 특징을 표현해요. 거짓말쟁이, 수다쟁이처럼 그 사람의 버릇이나 습관이 드러나도록요. 우리가 평소에 자주 쓰는 말이죠. '장이'는 손으로 물건을 만들거나 수리하는 특별한 기술을 가진 사람을 가리킬 때 붙여요. 직업과 관련된 기술이 아니라면 대부분 '쟁이'를 붙입니다.

범민 일기

우리 집에서 내 별명은 정말 많다. 귀염쟁이, 까불쟁이, 욕심쟁이, 그리고 말할 수 없는 비밀까지. 하지만 나는 스무 살 때 컴퓨터 박사 같은 컴퓨터장이가 되어 있을 것이다.

확장
어휘

점을 치는 사람은 '장이'가 아닌 '쟁이'를 붙여 **'점쟁이'**.

3월
21일

속이 타다

걱정이 되어 마음을 졸이는 상태를 이르는 말.

얼마 전 어머니가 갑자기 편찮아서 응급실에 가셨어요. 저도 따라갔는데요. 검사를 하는 데만 세 시간을 기다렸고, 결과를 듣기까지 무려 여덟 시간이 걸렸어요. 그 시간 동안 무척 속이 탈 수밖에 없었죠. 이처럼 어떤 걱정으로 불안하고 초조해 안절부절못할 때, 마음 깊은 곳에서부터 걱정이 될 때 이 표현을 씁니다.

범민 일기

엄마가 독감에 걸렸다. 열이 많이 나고 기침도 심했다. 보고 있는데 마음이 아팠다. 내 속이 타들어 갔다. 나는 엄마를 정말 사랑하는가 보다.

확장
어휘

속없다 : 생각에 줏대가 없다.

빼도 박도 못하다

일이 어렵게 되어 이러지도 저러지도 못함을 이르는 말.

벽에 못질을 하는데 못이 제대로 들어가지 않지만 다시 빼낼 수도 없는 상황을 본 적이 있나요? 이러지도 저러지도 못하는 난처한 상황이죠. 이처럼 계속할 수도 없고 그만둘 수도 없는 곤란한 처지를 나타내는 표현이에요. 자신 있다고 큰소리를 쳤지만 막상 시작하니 만만치 않아 보일 때도 이 표현을 씁니다.

범민 일기

책을 읽으면 엄마가 독서 퀴즈를 내는데, 다 맞히면 스티커를 준다. 스티커를 다 모으면 사고 싶은 걸 살 수 있기 때문에 사고 싶은 게 생길 때마다 독서 퀴즈를 내 달라고 한다. 그런데 이번엔 책을 잘못 골랐다. 심하게 어렵고 두껍다. 하지만 이젠 빼도 박도 못한다.

확장
어휘

진퇴유곡(進退維谷) : 이러지도 저러지도 못한 채 꼼짝할 수 없는 상황.

손에 익다

일이 익숙해짐을 이르는 말.

범민이가 처음 체스를 배울 때는 시간이 무척 오래 걸렸어요. 체스 말의 이름이 익숙하지도 않고 움직임을 익히기도 어려웠죠. 하지만 시간이 지날수록 체스의 말이 손에 익고 진행 속도가 빨라지고 실력도 늘었습니다. 그리고 이제 엄마 아빠를 이길 때도 많아요. 이렇게 어떤 일이 익숙해졌을 때 쓰는 표현이에요.

범민 일기

눈이 많이 온 날 아빠와 밖으로 나가 눈사람을 만들었다. 아빠는 어릴 때 눈사람을 자주 만들었다며 자신 있어 했다. 하지만 실제로는 엉망이었다. 아빠는 눈이 손에 익는 데 시간이 걸렸다고 핑계를 댔다.

확장
어휘

낯익다 : 여러 번 봐서 눈에 익고 친숙함.

가시방석에 앉다

앉아 있기에 아주 불편한 자리에 있음을 이르는 말.

당장 일어나고 싶을 만큼 어떤 자리가 몹시 불편하고 불안하다는 의미가 담긴 표현이에요. 사람들과 함께하는 즐거운 자리일지라도 불편한 사람이 있거나 대화 주제가 거북하다면 이 표현을 쓸 수 있습니다. 만약 자신의 실수로 일이 잘못되었다면 모임 내내 마음이 편치 않고 가시방석에 앉은 기분이겠죠?

범민 일기

게임 사용 시간이 지났다. 하지만 쉽사리 전투가 끝나지 않았다. 최선을 다해서 전투를 끝내려는데 엄마가 쳐다보고 있다. 가시방석에 앉은 것 같다.

확장
어휘

바늘방석: 앉아 있기에 아주 불안한 자리.

만둣국 vs 만두국

'만두'와 '국'이 합쳐질 때는 사이시옷을 넣어서 '만둣국'.

만두는 밀가루 반죽에 고기나 김치 소를 넣어 만든 음식이고, 만둣국은 여기에 국물을 넣어 끓인 요리지요. 만두는 한자어고 국은 순우리말인데요. 앞말이 모음으로 끝나고 뒷말의 첫소리가 된소리로 나기 때문에 사이시옷을 넣어 '만둣국'으로 표기합니다.

 범민 일기

할머니가 만두를 만드셨다. 김치 만두를 예쁘게 만들었는데, **만둣국**으로 끓여 먹어도 맛있었다. 하지만 만두를 만드느라 할머니가 힘들어 보여 속이 상했다. 다음부터는 만두를 안 먹어도 좋으니 할머니가 고생을 하지 않았으면 좋겠다.

확장
어휘

사이시옷 : 두 단어가 결합할 때 단어 사이에 들어가는 시옷.

견물생심

물건을 보면 없던 욕심도 생긴다.

見	物	生	心
볼 견	**물건** 물	**날** 생	**마음** 심

친구들이 갖고 있는 멋진 장난감이나 스마트폰을 보고 부러운 적이 있나요? 그럴 경우 나도 저 장난감만 있으면 행복할 것 같죠? 이런 마음을 '견물생심'이라고 표현하는데요. 하지만 정작 갖고 싶은 물건을 갖게 되더라도 행복이 길게 이어지는 경우는 많지 않습니다. 하루 이틀 정도 지나면 또 새로운 물건에 관심이 생기기 마련이니까요.

범민 일기

아빠는 구두가 많다. 엄마는 몇 켤레 없는데 아빠는 열 켤레가 넘는 것 같다. 왜 그렇게 많이 사느냐고 물었다. 아빠는 자기도 많은 걸 알지만 계속 사게 된다고 말했다. 나는 그게 바로 견물생심이라고 하면서, 앞으로는 엄마 신발을 많이 사 주라고 했다.

확장 어휘

언감생심(焉敢生心) : 그런 마음이 전혀 없었음.

하늘이 무너져도
솟아날 구멍이 있다

**하늘이 무너진 것처럼 힘든 상황에도
반드시 희망이 있음을 이르는 말.**

어려운 상황이 닥쳤을 때도 반드시 벗어날 길은 있다는 말입니다. 그러니 너무 속상해하지 말고 얼른 일어나 해결할 방법을 찾아야겠죠?

범민 일기

나는 비염 알레르기가 있다. 환절기가 되면 재채기에 콧물이 나고 눈도 충혈되어 괴롭다. 의사 선생님은 내가 더 클 때까지 기다리는 수밖에 없지만 이불과 매트리스를 잘 관리하면 조금 나을 거라고 하셨다. 역시 하늘이 무너져도 솟아날 구멍이 있나 보다.

기사회생

죽을 뻔하다가 다시 살아나다.

起	死	回	生
일어날 기	죽을 사	돌아올 회	살 생

야구를 좋아하나요? 야구는 9회 동안 공격과 수비를 주고받으며 누가 더 점수를 많이 내는지 겨루는 스포츠인데요. 9회까지 한 점도 내지 못해 9대 0으로 지고 있다가도 마지막 공격에서 10점을 내는 경우가 종종 있습니다. 이처럼 위기에 처한 상황에서 기적처럼 좋아졌을 때 쓰는 말이에요.

범민 일기

아빠와 축구를 했다. 아빠는 연속 득점을 했다. 내가 질 거라는 생각이 들었다. 하지만 아빠한테도 약점은 있었다. 마침 전화가 온 것이다. 나는 아빠가 전화를 받는 동안 골을 넣었다. 이거야말로 기사회생이다.

확장 어휘

구사일생(九死一生) : 여러 번 죽을 고비를 넘기고 겨우 살아남.

3월
25일

이가 없으면 잇몸으로 산다

꼭 있어야 할 것이 없더라도
대신할 만한 것으로 그럭저럭 살게 됨을 이르는 말.

우리가 살아가는 데 필요한 것은 셀 수 없이 많습니다. 하지만 꼭 필요한 것이 없다고 못 사는 것은 아니에요. 저는 택배 상자를 뜯을 때 커터 칼을 주로 사용하지만 그게 없으면 뾰족한 볼펜으로 대신하기도 하거든요. 이가 없으면 잇몸으로 사는 법입니다.

범민 일기

엄마가 64색 색연필을 선물해 주었다. 그 전에는 보라색 색연필을 잃어버려서 불편했다. 그래도 빨간색과 파란색을 번갈아 칠하면서, 이가 없어도 잇몸으로 살았다.

되로 주고 말로 받다

남을 골탕 먹였다가
오히려 몇 배로 돌려받는 경우를 이르는 말.

남에게 손해를 입히려다가 오히려 몇 배의 손해를 보게 될 때 이 표현을 써요. 10분 뒤에 동생에게 게임기를 넘기기로 했는데, 무시하고 계속했어요. 그 사실을 숨기려다 동생이 알게 되어 결국 싸우고, 엄마에게 혼나 일주일 게임 금지령이 내려졌을 때 이 말을 쓰죠.

범민 일기

아이스크림을 먹다가 아빠 것이 맛있어 보여 딱 한 입만 먹겠다고 했다. 나는 '앙!' 하고 크게 베어 물었다. 아빠도 내 것을 한 입 달라고 했다. 내 아이스크림의 절반이 사라졌다. 되로 주고 말로 받았다.

솔선수범

남보다 앞장서 먼저 모범을 보이며 행동하다.

率	先	垂	範
거느릴 솔	먼저 선	드리울 수	법 범

책임감과 리더십을 갖고 남들에게 본보기가 되는 행동을 먼저 하는 것을 뜻해요. 솔선수범은 학교나 회사, 어디서든 꼭 필요한 태도죠. 누군가 모범을 보이며 앞장서면 다른 사람들도 영향을 받아 뒤따라 행동하기 때문이에요. 저도 부모로서 아들에게 솔선수범하는 모습을 보이기 위해 노력하고 있답니다.

범민 일기

이제 나는 2학년이 되어서 1학년 후배가 생겼다. 1학년은 유치원을 막 졸업하고 왔기 때문에 초등학교 생활을 잘 모를 것이다. 내가 **솔선수범**해 1학년에게 좋은 모습을 보여야겠다.

확장
어휘

타산지석(他山之石) : 다른 사람의 실수도 나에게 커다란 교훈이 될 수 있음.

개구리 올챙이 적 생각 못 한다

**어렵고 못났던 과거를 잊고 성공한 현재의 모습에 빠져
함부로 으스댐을 이르는 말.**

누구나 어설픈 과정을 거치면서 노력해 성공에 이르는 거예요. 이 말은 부족했던 옛날을 다 잊고 처음부터 잘했던 것처럼 지금의 성공에 취해 잘난 체하는 사람에게 쓰이죠. 형편이 전보다 나아졌어도 항상 자신을 돌아보고 겸손하게 행동해야 해요

범민 일기

우리 아빠는 자기가 멋있다고 생각하는 것 같다. 내가 컴퓨터에 아빠 이름을 쳐 봤는데 옛날 사진이 많았다. 정말 촌스러웠다. 그 사진을 보고 개구리 올챙이 적 생각 못 한다는 속담이 생각났다.

3월
27일

사분오열

의견이 여러 갈래로 나뉘어 뿔뿔이 흩어지다.

四	分	五	裂
넉 사	나눌 분	다섯 오	찢을 열

'넷으로 나뉘고 다섯으로 찢어진다'는 뜻의 사분오열은 하나로 정돈되지 못하고 어지럽게 나뉘어 있는 상태를 말해요. 각각의 의견이나 사람이 뿔뿔이 흩어져 질서 없이 혼란스러운 상황이죠. 팀원들의 단합이 가장 중요한 스포츠 팀이 선수들의 갈등으로 인해 서로 흩어져 뒤죽박죽 엉망이 되었을 때 이 표현을 씁니다.

범민 일기

아빠와 나는 재미있는 여행을 좋아한다. 엄마는 조용히 시간을 보내는 여행을 좋아하고, 할머니는 집 밖에서 자는 걸 불편해하신다. 우리 가족은 이번 주말 여행 계획을 세우다 **사분오열**되었다.

확장
어휘

분열(分裂) : 하나로 존재하던 집단이 갈라져 나뉨.

꽤 vs 꾀

은근히, 제법. vs 어떤 문제를 해결하기 위한 생각.

둘 다 올바른 표기예요. 사용하는 상황이 다를 뿐이죠. 예시를 통해 이해하는 것이 가장 좋을 텐데요. 보통 이상을 뜻하는 '제법'과 같은 의미의 '꽤'는 "거리가 꽤 되는데도 그는 꽤 잘 걷는다"처럼 쓰여요. 반면 문제 해결을 위한 생각이나 수단을 뜻하는 '꾀'는 "숙제하기 싫어 꾀를 부렸다"처럼 사용하죠.

범민 일기

우리 집은 꾀가 통하지 않는다. 아픈 연기를 하면 바로 들통이 나고, 놀려고 머리를 써도 철통 방어에 막힌다. 우리 엄마 아빠는 꽤 고집스럽다. 꾀부리지 말고 규칙을 지키는 게 이 집에서 살길이다.

확장
어휘

깨나: 어느 정도 이상의 뜻을 나타내는 보조사. 예) 힘깨나 쓴다. 꽤나(×)

파리 날리다

영업이나 사업이 잘 안 돼 한가하다.

맛있는 식당에 가면 손님이 바글바글하죠. 하지만 맛없는 식당에 가면 손님은 없고 식당 주인과 종업원들만 앉아 있는 경우도 많습니다. 이럴 때 파리까지 '앵앵' 소리를 내며 날아다니면 사장님은 화가 날 수밖에 없겠죠? 이처럼 주로 장사가 잘 안 돼 한가할 때 이 표현을 써요.

범민 일기

포켓몬 게임을 하기 위해 코엑스에 자주 간다. 예전에는 이천에 가서도 했고 김포에 가서도 했는데, 언제나 사람이 많았다. 하지만 코엑스는 게임기가 들어온 지 얼마 안 돼서 파리 날리고 있다. 나밖에 없다.

확장
어휘

파리 떼 덤비듯: 이익을 취하려고 사람들이 계속 몰려드는 모양.

눈도 깜짝 안 하다

조금도 놀라지 않고 태연하다.

당황스럽거나 놀랄 만한 상황에서도 태도나 기색이 아무렇지도 않게 태연하다는 의미로 사용되는 말이에요. 예상치 못한 일이 일어나면 누구나 당황스러울 법한데, 어떤 반응도 없는 사람의 표정을 보면 이 말이 나오죠. 빤한 거짓말을 아무렇지 않게 하는 사람에게도 적절한 표현이에요.

범민 일기

엄마 몰래 아빠와 라면을 끓여 먹었다. 외출을 하고 집에 온 엄마는 코를 킁킁거리며 "라면 먹었지?"라고 했다. 나는 눈도 깜짝 안 하고 절대 아니라고 했다. 하지만 엄마는 개코를 발휘해 모든 걸 알아 버렸다.

확장
어휘

눈도 거들떠보지 않다: 낮춰 보거나 업신여겨 쳐다보려고도 하지 않다.

열을 올리다

흥분해 화를 내다.

범민이가 화를 내면 온 집안이 떠들썩해요. 일단 목소리가 커지고요. 화를 가라앉히지 못해 여기저기 휘젓고 다니죠. 그러면 범민이 아빠가 말합니다. "너무 열 올리지 마, 범민아. 너만 힘들어." 그럼 범민이는 자기 방으로 들어가 5분 정도 생각하면서 열을 내리고 나옵니다.

범민 일기

오늘 또 열이 올랐다. 아빠가 약속을 어겼기 때문이다. 아빠는 분명 퇴근하고 나와 놀아 준다고 했는데 일이 생겼다며 늦게 들어왔다. 밤 9시가 넘어서였다. 나는 화가 나 아빠를 혼내 줬다. 그래도 화가 풀리지 않았다.

확장
어휘

성내다: 화내고 분노하다.

간이 콩알만 하다

크게 놀라며 무서워해 기를 펴지 못함을 이르는 말.

갑자기 무섭거나 불안함을 느끼면 자연스럽게 몸이 움츠러들죠. 이 표현은 우리 몸속 장기인 간이 콩알만큼 작아질 정도로 몹시 두려워하거나 무서워할 때 사용합니다. 작은 일을 앞두고도 가슴이 콩닥콩닥 뛰거나 별거 아닌 일에 놀라 주저앉는 사람에게 어울리는 표현이죠.

범민 일기

골목길을 걸어갈 때마다 엄마는 내 손을 꼭 잡는다. 고양이를 무서워하는데 혹시라도 마주칠까 봐 지나가는 사람을 보고도 깜짝깜짝 놀란다. 아무래도 간이 콩알만 한 것 같다.

확장
어휘

간이 부었다: 용기와 결단력이 지나쳐 무모한 말과 행동을 한다.

당기다 vs 땡기다

입맛이 돋우어진다는 의미의 '당기다'.

맛있는 음식을 실제로 보거나 생각할 때 "입맛이 땡긴다"라고 말하곤 하는데요. 정확한 표준어는 '입맛이 당기다'입니다. 이와 비슷하게 헷갈리는 단어가 또 있어요. 겨울철 피부가 건조할 때 흔히 "피부가 땡긴다"라고 표현하는데요. 이 경우에도 정확한 표기는 '피부가 당기다'입니다.

범민 일기

우리 할머니는 모든 요리를 맛있게 만든다. 그러나 못 하는 요리도 있다. 고기를 구울 때 너무 많이 구워 질기다. 그래서 할머니가 구운 고기를 보면 입맛이 당기지 않는다. 고기는 아빠가 잘 굽는데, 아빠도 잘하는 게 있다는 사실이 놀랍다.

확장
어휘

구미(口味)가 당기다: 욕심이나 관심이 생기다.

10월
2일

노심초사

몹시 마음을 쓰며 애를 태우다.

勞	心	焦	思
애쓸 로	마음 심	애탈 초	생각할 사

여러분도 걱정거리가 있죠? 친구들과 잘 지내지 못하면 어쩌나? 선생님이 날 싫어하면 어떻게 하지? 성적이 떨어지면 어쩌지? 나이가 많든 적든 누구에게나 불안과 고민은 있기 마련입니다. 깊은 고민이나 불안으로 마음이 몹시 고달프고 걱정스러운 것을 '노심초사한다'라고 표현합니다.

범민 일기

할머니가 건강이 안 좋아져서 병원에 가셨다. 입원을 해서 몇 가지 검사를 한다고 했다. 할머니가 병원에 있는 동안 **노심초사**했다. 사랑하기 때문이다. 다행히 문제가 없었다. 할머니가 오랫동안 건강했으면 좋겠다.

확장 어휘

전전긍긍(戰戰兢兢) : 몹시 두려워서 벌벌 떨며 조심함.

구르는 돌에는
이끼가 끼지 않는다

**부지런히 노력하는 사람은 뒤처지지 않고
계속 발전함을 이르는 말.**

돌담에 박힌 돌에는 이끼가 끼지만 계속 굴러가는 돌에는 이끼가 낄 새가 없는 것처럼, 목표를 향해 꾸준히 노력하는 사람은 계속 발전한다는 뜻이에요.

범민 일기

구르는 돌에는 이끼가 끼지 않는다는 말은 무슨 일이든 쉬지 않고 꾸준히 갈고닦으면 실력이 녹슬지 않는다는 뜻이다. 그래서 나는 인스타그램에 '범민 일기'를 매일 올린다. 오늘도 실력이 '레벨 업'되었다.

사리사욕

자신을 위한 이익과 욕심.

私	利	私	慾
사사로울 사	이로울 리	사사로울 사	욕심 욕

누구에게나 욕심이 있지만 욕심을 줄여야 하는 순간도 있습니다. 다른 사람들과 어울려야만 세상을 살아갈 수 있는데 늘 내 생각만 할 수는 없는 노릇이니까요. 하지만 계속 자신의 잇속만 챙기려는 사람도 있어요. 우리는 그런 사람을 "사리사욕이 크다"라고 표현하죠. 자신의 욕심을 잘 다스릴 줄 알아야 훌륭한 어른이 된답니다.

범민 일기

엄마와 장을 보러 갔다. 엄마가 과자를 하나 고르라고 해서 제일 좋아하는 꼬북칩을 골랐다. 그런데 집에 와서 장바구니를 보니 엄마가 좋아하는 과자가 가득했다. 나한테는 하나만 사라더니, 엄마는 다섯 개를 산 것이다. 이것은 엄마의 **사리사욕**을 채운 것이다.

확장 어휘

사사롭다: 공적이지 않고 개인적이다.

4월

10월

종로에서 뺨 맞고
한강에서 눈 흘긴다

어떤 일을 당한 사람이 그 자리에서는 아무 말 못하고
엉뚱한 사람에게 화풀이하는 것을 이르는 말.

형과 다퉈서 기분이 안 좋다고 얌전히 있는 동생에게 화풀이하면 안 되겠죠? 이처럼 남에게 받은 미움을 아무 상관도 없는 다른 사람에게 옮길 때 이 표현을 사용합니다.

범민 일기

아침에는 피곤해서 기분이 안 좋다. 내가 계속 안 일어나면 엄마 목소리가 안 좋아지는데, 아빠가 "범탱아!" 하고 내 방에 노크도 없이 들어오면 확 짜증이 난다. 그때 나는 아빠에게 참았던 화를 낸다. 종로에서 뺨 맞고 한강에서 눈 흘기기 기법이다.

뛰는 놈 위에 나는 놈 있다

**아무리 재주가 뛰어나도
더 잘하는 사람이 있으니 늘 겸손하라는 말.**

세상에는 여러 가지 뛰어난 능력을 가진 사람이 많아요. 스스로의 재능에 자신감을 갖는 것은 좋지만 내가 최고라는 자만심은 경계해야 해요. '나만큼 잘하는 사람은 얼마든지 있다'라는 겸손한 마음은 늘 연습하고 노력하는 자세를 만들어 줍니다.

범민 일기

엄마가 나를 칭찬하려고 천재 같다고 말할 때가 있다. 그럴 때마다 나는 그런 말을 하지 말라고 한다. 나는 그 정도는 아니다. 뛰는 놈 위에 나는 놈이 있기 때문에 항상 겸손할 것이다.

4월

2일

우공이산

끊임없이 노력하면 마침내 큰 일을 이룰 수 있다.

愚	公	移	山
어리석을 우	공변될 공	옮길 이	뫼 산

산을 옮기는 것처럼 불가능하다고 생각되는 일이라도 뚝심 있게 꾸준히 노력하면 마침내 이루어진다는 말이에요. 어려울 게 뻔한 일에 힘을 쏟는 것이 때로는 미련하게 느껴지나요? 그러나 우직하게 한길만 가는 사람에게는 길이 열리기 마련입니다. 가능성이 없어 보인다고 미리 포기하지만 않는다면 못 할 일이 없답니다.

범민 일기

일곱 살이 되면서 〈범민 일기〉를 쓰기 시작했다. 처음에는 글을 잘 읽을 줄도 쓸 줄도 몰랐다. 하지만 매일 엄마와 일기를 쓰다 보니 어느덧 책을 자유롭게 읽을 수 있게 되었다. 안 될 것 같았지만 **우공이산**의 마음으로 꾸준히 노력했더니 이렇게 책이 탄생했다.

확장 어휘

우보만리(牛步萬里) : 끈기 있게 밀고 나가면 목적을 달성할 수 있음.

가는 말이 고와야 오는 말이 곱다

내가 남에게 예쁜 말을 해야
남도 나에게 예쁜 말을 해 준다는 말.

나에게 친절한 친구에게는 고운 말과 행동을 하게 돼요. 반대로 거친 말을 하는 친구에게는 똑같이 거친 말로 상대하게 되죠. 고운 말로 누구에게나 존중을 받고 싶다면, 내가 먼저 친구에게 고운 말을 쓰면서 존중하는 게 가장 좋은 방법이에요.

범민 일기

우리 엄마는 나에게 예쁜 말을 해 준다. 내가 제일 좋아하는 말은 "범민아, 나의 소중한 하나뿐인 아가야"다. 그러면 나도 엄마에게 "나의 하나뿐인 엄마, 힘내요. 범민이가 있잖아요"라고 말한다. 가는 말이 고와야 오는 말이 고운 법이다.

초지일관

처음 세운 뜻을 끝까지 밀고 나가다.

初	志	一	貫
처음 초	뜻 지	한 일	꿸 관

새해가 되면 우리는 다양한 계획을 세웁니다. 아침에 일찍 일어나기, 꾸준히 공부하기, 부모님 말씀 잘 듣기…. 하지만 한두 달이 지나면 어느새 대부분의 계획은 흐지부지되고 말죠. 그만큼 처음의 마음을 지켜 나가기가 힘들기 때문에 '초지일관'하는 사람을 높게 평가합니다. 여러분도 처음 세운 계획을 끝까지 실행하는 연습을 해 보세요.

범민 일기

4월 계획을 세웠다. 매일 학습지 다섯 장씩 풀고, 선택한 책은 자기 전에 다 읽고, 아빠 말을 잘 듣기로 했다. 그런데 며칠 지나지도 않아 아빠에게 화를 내 버렸다. 아빠가 내 허락 없이 혼자 레고를 만들어 버렸기 때문이다. 초지일관은 이렇게 어려운 것이다.

확장
어휘

시종일관(始終一貫) : 처음부터 끝까지 한결같음.

9월
28일

일부러 vs 일부로

'어떤 목적을 가지고'를 뜻하는 '일부러'.

'어떤 목적이나 생각을 가지고' 또는 '마음을 내어 굳이'의 뜻으로 쓰이는 바른말은 '일부러'예요. "관심을 받기 위해 일부러 말썽을 부렸다"처럼 사용되죠. '일부로'는 없는 말이에요. 다만 전체를 여럿으로 나눈 얼마를 뜻하는 '일부분'의 의미로 '일부로'를 쓸 수 있죠. 그럴 땐 "체스는 내 삶의 일부로 자리 잡았다" 식으로 사용합니다.

범민 일기

할머니 할아버지에게 나는 동생이 생기는 건 싫다고 했다. 엄마 아빠에게 범민이 동생은 없는 거냐고 묻는 걸 듣고 일부러 그렇게 말했다. 나는 외동이 좋다.사랑을 독차지할 거다.

확장
어휘

함부로 : 조심하지 않고 마음 내키는 대로. 함부러(×)

자취를 감추다

아무도 모르게 어디론가 숨어 없어지다.

분명히 존재했던 사람 또는 사물이 전혀 보이지 않을 때 쓰는 표현이에요. 어디로 갔는지 알 수 없도록 흔적도 없이 사라진 것을 의미하죠. 뉴스에서 "범인이 자취를 감춰 경찰이 수배에 나섰다"라는 말이 자주 들리고, "기세등등했던 겨울이 자취를 감추고 어느덧 새봄이다"처럼 일상에서 자주 쓰는 말이에요.

범민 일기

장난감이 알아차릴 수 없게 조금씩 사라진다. 한참 찾다가 엄마에게 물어보면 버렸다고 한다. 장난감이 너무 많아 방이 좁아져서라고 했다. 정신을 똑바로 차리지 않으면 내 장난감이 전부 자취를 감추게 생겼다.

확장
어휘

은둔하다: 세상을 피해 꼭꼭 숨어 지내다.

애가 타다

걱정과 근심에 초조하다는 말.

'애'는 우리 몸속 창자를 말해요. 창자가 타는 것처럼 몹시 괴롭다는 뜻이에요. 이 표현을 보면 얼마나 안타깝고 불안하고 초조한지 이해가 되죠? 우리 친구들이 밤늦도록 집에 들어오지 않으면 부모님은 애가 탄답니다. '애끓다', '애가 마르다', '애가 녹다'도 모두 몹시 속이 상할 때 쓰는 표현이에요.

범민 일기

엄마는 내가 연락이 안 되면 애가 탄다고 했다. 그게 무슨 뜻인지 몰랐는데, 새벽에 엄마가 지방으로 출장을 가면 나도 걱정이 돼 애가 탄다. 이건 사랑하기 때문에 드는 마음인가 보다.

확장
어휘

똥줄이 타다: 몹시 힘들거나 마음을 졸이다.

풀 죽다

자신감이 부족하고 기세나 기운이 없는 모습을 이르는 말.

풀 아시나요? 주로 종이를 붙일 때 쓰죠. 이 풀을 옷감에 먹이면 빳빳해지는데, 시간이 지나면 점차 풀기가 빠져서 힘없이 늘어져요. 자신감이 부족해 소극적이고 의기소침해진 모습을, 풀이 죽어서 더 이상 빳빳하지 않은 모습에 빗댄 표현이에요.

범민 일기

아빠에게 서점에 가자고 했다. 책도 사고 문구류도 사려고 했다. 그런데 아빠가 거절을 했다. 나는 풀이 죽은 척 연기를 하기 시작했다. 그래도 아빠는 넘어오지 않았다. 그래서 연기고 뭐고 결국 화를 내 버렸다.

확장
어휘

기세(氣勢) : 기운차게 뻗치는 상태.

한술 더 뜨다

**이미 잘못되어 가고 있는 일에 대해 한 단계 더 나아가
엉뚱한 행동이나 말을 하는 것을 이르는 말.**

'술'이란 숟가락으로 뜰 수 있는 정도의 양을 말해요. 그럼 '한술 뜨다'는 한 숟가락을 뜬 것이니, 얼마 되지 않는 적은 양을 의미하겠죠? 여기에 '더'가 붙으면 부정적인 뜻이 되어, 정도가 지나치다는 말이에요. 그래서 이 표현은 이미 잘못되어 가고 있는 일에 엉뚱한 행동을 보태 더 악화시킨다는 것을 의미합니다.

범민 일기

아빠와 엄마가 와인을 한 잔씩 두고 저녁 식사를 했다. 나는 술은 몸에 해로우니 마시지 말라고 말했다. 그랬더니 둘은 한술 더 떠 잔을 부딪치며 건배를 하고 마셨다.

확장
어휘

눈을 뜨다 : 세상 물정을 깨우치다.

돌 vs 돐

아기가 태어나서 처음 맞는 생일을 뜻하는 '돌'.

첫돌은 아기가 태어나 1년이 된 것을 축하하는 날이에요. '돌'은 열두 달을 한 바퀴 돌았다는 의미인데요. 옛날에는 아기가 태어나도 첫돌을 넘기지 못하고 세상을 떠나는 일이 많았기 때문에, 첫 생일을 무사히 맞은 것을 기념하고 앞으로도 건강하게 자라길 바라는 마음으로 잔치를 했대요. 예전에는 '돐'도 사용했지만 지금은 '돌'만 쓰고 있어요.

범민 일기

나의 돌잔치는 집에서 했다. 특별한 날인 만큼 의미 있게 해 주고 싶었다고 한다. 온 가족이 모여 나에게 노래를 불러 주고 사진을 많이 남겼다. 나는 돌잡이로 청진기를 잡았다고 한다.

확장
어휘

환갑 : 예순한 살이 되는 생일. / **고희** : 일흔 살이 되는 생일.

9월
25일

속수무책

어찌할 방법이 없어 꼼짝할 수 없는 상황을 이르는 말.

束	手	無	策
묶을 속	손 수	없을 무	꾀 책

두 손이 묶인 듯 무엇도 할 수 없는 곤란한 상황을 의미해요. 눈앞에 버젓이 안타까운 상황이 벌어졌는데, 해결할 방법이 없을 때 이 말을 씁니다. 제주도에 여행을 갔는데 강한 비바람에 비행기가 뜨지 못했어요. 중요한 일이 있어 서울에 올라와야 했지만 할 수 있는 게 아무것도 없었죠. 속수무책으로 기다리는 수밖에요.

범민 일기

글씨 쓰는 것 때문에 엄마에게 잔소리를 듣는다. 연필을 꽉 쥐고 힘을 주어 바르고 진하게 써야 하는데, 나는 팔이 아픈 게 싫다. 요즘은 일기를 쓸 때 엄마가 옆에 꼭 붙어서 내 글씨를 감시한다. 손에 힘을 빼고 싶은데 밀착 감시 중이라 **속수무책**이다.

확장 어휘

삼십육계(三十六計) : 서른여섯 가지의 꾀, 방법.

불난 집에 부채질한다

곤경에 처한 사람을 도와주기는커녕
더 곤란하게 하거나 화난 사람을 더 화나게 하는 것을 이르는 말.

타오르는 불에 부채질을 하면 어떻게 될까요? 활활 더 잘 타겠죠! 탄산음료를 먹지 않겠다는 엄마와의 약속을 어기고, 콜라를 몰래 꺼내 먹고는 배탈이 났어요. 이 사실을 안 엄마는 화가 난 상태인데, 안 먹었다고 큰소리까지 치면 더 화가 나겠죠?

범민 일기

나는 할머니를 '원숭이 할머니'라고 부른다. 할머니가 원숭이를 닮았기 때문이다. 그럴 때마다 할머니가 화를 내시는데, 화내는 할머니에게 "이빨 원숭이다!" 하고, 불난 집에 부채질한다. 그러면 할머니가 웃음을 터뜨리신다.

신출귀몰

갑자기 나타났다가 빠르게 사라진다.

神	出	鬼	沒
귀신 신	날 출	귀신 귀	가라앉을 몰

귀신같이 갑자기 나타났다가 홀연히 사라지는 것을 뜻해요. 움직임을 쉽게 알 수 없을 만큼 자유자재로 나타나고 사라짐을 귀신에 빗대 표현한 말이죠. 일상생활에서도 자주 쓰이는데, 보통 동에 번쩍 서에 번쩍할 만큼 빠르게 움직이거나 소리 없이 누군가 나타났다 사라질 때 이 표현을 써요.

범민 일기

엄마는 겁이 많다. 자주 놀라 꺅꺅 소리를 지른다. 그래서 엄마를 놀라게 하는 건 늘 재밌다. 나는 밤에 바닥을 기어서 엄마가 있는 곳에 갑자기 등장한다. 설거지하던 엄마가 뒤를 돌아 '꺅!', 침대에 누워 있던 엄마가 옆을 보고 '꺅!' 하는 걸 보니 나는 **신출귀몰**의 고수다.

확장
어휘

야불담귀(夜不談鬼) : 밤에는 귀신 이야기를 하지 않음.

콩 심은 데 콩 나고
팥 심은 데 팥 난다

모든 일은 원인에 따라
그에 맞는 결과가 나타남을 이르는 말.

씨앗을 뿌리면 싹이 나는 게 당연한 것처럼, 어떤 일의 결과에는 그럴 만한 원인이 있다는 말이에요. 요즘 커피를 많이 마셨더니 밤잠을 설치게 되고, 잠을 잘 못 자니 아침까지 피곤하더라고요. 개운하지 않은 아침에는 그럴 만한 이유가 있었던 거죠.

범민 일기 외할머니가 나를 '까불이'라고 부르실 때가 있다. "까불아, 왜 이렇게 까부니~ 누굴 닮아 이래?" 하실 때마다 나는 말한다. "누구겠어요? 콩 심은 데 콩 나고 팥 심은 데 팥 나는 거예요."

우물에 가 숭늉 찾는다

**일의 순서도 모르고
서두르는 모습을 이르는 말.**

숭늉은 밥을 하면서 생긴 누룽지에 물을 부어 끓인 물이에요. 그러니까 숭늉을 만들려면 우선 밥을 해야 하고, 물을 부은 뒤에도 좀 더 시간이 걸리죠. 그런 숭늉을 우물가에서 찾는다는 건 성격이 매우 급하다는 뜻이겠죠? 모든 일에는 순서가 있는 법이랍니다.

범민 일기

주말 점심에 아빠가 끓인 라면을 먹는 게 제일 맛있다. 아빠에게 라면을 주문하고 젓가락을 준비해 들고 있었다. 그런데 아빠가 라면부터 사러 가야 한다고 했다. 우물에서 숭늉을 찾은 것이다.

형설지공

어려운 환경에서도 부지런하고 꾸준하게 공부하는 자세.

螢	雪	之	功
개똥벌레 형	눈 설	갈 지	공부 공

아주 먼 옛날 중국에서 있었던 일입니다. 집이 가난해 기름 살 돈이 없던 사람이 눈빛에 책을 비춰 가며 공부를 해 높은 벼슬에 올랐어요. 기름을 구할 수 없어 수십 마리의 개똥벌레를 주머니에 담아 그 불빛에 의지해서 공부한 사람의 이야기도 전합니다. 이 두 이야기에서 개똥벌레를 뜻하는 형( )과 눈을 뜻하는 설( )로 '형설지공'이 탄생했습니다.

범민 일기

큰아빠와 아빠의 어린 시절 이야기를 들어보면 집안 환경이 넉넉지 않았지만 큰아빠는 어린 시절부터 공부를 잘했다고 한다. 아빠는 그걸 **형설지공**이라고 했다. 반면 아빠는 할머니 동전을 훔쳐서 오락실을 다녔는데, 지금도 그게 부끄럽다고 한다. 부끄러움을 안다니 다행이다.

확장 어휘

주경야독(晝耕夜讀) : 어려운 환경에서도 열심히 공부함.

간에 붙었다 쓸개에 붙었다 한다

자신의 이익을 좇아
이리 붙었다 저리 붙었다 함을 이르는 말.

필요할 때마다 말이 바뀌고, 이익에 따라 여기저기 옮겨 붙는 약삭빠른 사람을 비꼬는 말이에요. 이런 사람을 일컬어 '박쥐 같다'라고 표현하기도 하죠. 때에 따라 새의 편에 섰다가 포유동물의 편에 섰다가 하면서 자신에게 유리하도록 생각과 행동을 바꾸니까요.

범민 일기

나는 엄마가 좋다. 하지만 공부할 때 엄마가 화를 내면 무섭다. 그럴 때는 갑자기 아빠가 좋아진다. 화난 엄마를 말려 주기 때문이다. 엄마가 좋았다가 아빠가 좋았다가, 간에 붙었다 쓸개에 붙었다 하는 내 마음이다.

4월
10일

화룡점정

용을 그리고 마지막으로 눈동자를 그려 넣어 완벽하게 마무리하다.

畫	龍	點	睛
그림 화	용 룡	점 찍을 점	눈동자 정

용을 그린 다음 마지막으로 눈동자를 그려 넣었더니, 실제 용이 되어 홀연히 구름을 타고 하늘로 날아 올라갔다는 이야기에서 유래된 말이에요. 어떤 일을 할 때 가장 중요한 부분을 마치고 완성한다는 뜻이죠. 그동안의 노력이 헛고생이 되지 않으려면 끝까지 잘 마무리해야겠죠?

범민 일기

요즘 레고를 자주 만든다. 용을 만들고 자동차도 만들었다. 레고 조각이 어느 순간 멋진 작품으로 완성된다. 내 생각에 그건 스티커 덕분이다. 용의 눈에 스티커를 붙여 주니 정말로 용이 된 것 같았다. 아빠는 바로 이런 게 **화룡점정**이라고 알려 줬다.

**확장
어휘**

화룡정점으로 잘못 쓰는 경우가 있으니 주의!

서습지 않다 vs 서습치 않다

'망설이거나 머뭇거리지 않다'는 뜻의 '서습지 않다'.

'결단을 내리지 못하고 망설이다'라는 뜻의 '서슴다'에서 시작된 말이에요. '서슴다'에 어미 '-지'가 붙어 '서슴지'로 표기하는 게 맞습니다. 흔히 '서슴치'로 발음해 잘못 쓰는 경우가 있는데, '서슴찌'로 발음해야 해요. 자주 틀리는 맞춤법을 외워 두면 서슴지 않고 잘 사용할 수 있습니다.

범민 일기

어른의 말에 동의하지 않을 때는 그 이유에 대해 설명할 줄 알아야 한다고 엄마가 말했다. 그래서 나는 엄마와 의견이 다를 때마다 서슴지 않고 내 생각을 말한다. 엄마가 조금 당황스러워 보인다.

확장
어휘

심상치 않다: 예사롭지 않고 특별하다.

4월
11일

한 치 앞을 모르다

앞으로 벌어질 일은 아주 잠시 후라도 예측하기 어려움을 이르는 말.

'치'는 예전에 길이를 재던 단위로 3센티미터 정도예요. 따라서 '한 치 앞'은 그만큼 '가까운 미래'라는 뜻이죠. 지금은 평화롭지만 내일 당장 미사일이 날아올 수도 있는 것처럼, 이 세상은 정말 가까운 미래도 알 수 없다고 할 때 이 표현을 쓰죠. 또는 바로 앞의 일도 제대로 분별하지 못하고 어리석게 행동하는 것을 비꼬아 말할 때도 사용해요.

범민 일기

뉴질랜드로 긴 여행을 떠난 이모네를 따라 우리 집도 여행을 가려고 했다. 엄마가 비행기표를 알아보고 날짜도 잡았는데 할머니의 입원으로 모든 걸 취소했다. 우리에겐 할머니가 더 중요하기 때문이다. 인생은 정말 한 치 앞을 모르는 것 같다.

확장
어휘

인생사(人生事) 새옹지마(塞翁之馬) : 인생에는 변화가 많아 어떤 것이 좋고 나쁜 결과가 될지 예측하기 어려움.

눈에 밟히다

잊히지 않고 자꾸만 눈에 떠오르는 상태를 이르는 말.

무언가가 잊히지 않고 눈에 선해 사라지지 않는다는 뜻이에요. 쉽게 곁을 떠나지 못하고 자꾸만 신경이 쓰이고 생각이 나는 누군가가 있을 때 주로 사용해요. 회사 일로 긴 출장을 가서 가족들이 '눈에 밟히는' 아빠의 마음을 떠올려 보세요. 보고 싶고 그리운 마음이겠죠?

범민 일기

동물 털 알레르기가 심해져서 우리집 강아지 감자가 할아버지 집에서 지내고 있다. 나는 매주 감자의 간식을 사서 찾아가지만 산책하는 개를 보면 감자가 자꾸 눈에 밟힌다.

확장
어휘

연연불망(戀戀不忘) : 그리워서 잊지 못함.

입이 떡 벌어지다

매우 놀라거나 큰 충격을 받은 모습을 이르는 말.

믿기 힘든 상황을 마주했을 때 나도 모르게 입이 벌어지죠. 어떤 일에 매우 놀라거나, 무언가가 몹시 인상적이거나, 또는 충격을 받았을 때 이 표현을 써요. 턱이 아래로 내려가면서 입이 크게 벌어진 모습을 상상해 보세요. 지금 바로 내 앞에 손흥민 선수가 지나간다면 이 표현을 쓸 수 있겠죠?

범민 일기

큰아빠가 내가 갖고 싶어 했던 게임 칩을 집으로 보내 주셨다. 나는 너무 놀라고 기뻐서 선물을 풀자마자 입이 떡 벌어졌다. 역시 큰아빠는 내가 가장 존경하는 사람이다.

확장
어휘

입이 광주리만 하다: 음식을 많이 먹은 모양 또는 잔뜩 화가 난 모양.

빛을 발하다

능력이나 진가가 드러나다.

자신의 일을 열심히 하다 보면 언젠가 주변 사람들이 그 노력과 진심을 알아차리는 때가 와요. '빛을 발하다'라는 말은 이처럼 꾸준하고 묵묵하게 최선을 다한 결과가 밖으로 환하게 드러나는 것을 뜻해요. 나의 능력과 노력, 보람과 업적을 인정받는 것은 정말 행복한 일이죠.

범민 일기

나의 암기 능력이 빛을 발하는 건 메모리 게임을 할 때다. 어디에 어떤 카드가 있는지 사진처럼 잘 기억한다. 엄마는 "그 능력이 다른 데 쓰이면 얼마나 좋을까?"라고 했다.

확장
어휘

혁혁지광(赫赫之光) : 명성이 세상에 빛남.

4월
13일

먹먹하다 vs 멍멍하다

갑자기 소리가 잘 들리지 않다.
vs 정신이 나간 것같이 어리벙벙하다.

'귀가 먹먹하다'와 '귀가 멍멍하다'가 자주 섞여 사용되고 있어요. '먹먹하다'는 갑자기 귀가 막힌 듯이 소리가 잘 들리지 않거나 체한 듯 가슴이 답답한 상태를 나타낼 때 쓰는 말이에요. 반면 '멍멍하다'는 정신이 나간 듯 어리벙벙한 상태를 뜻하죠. 따라서 비행기가 이륙할 때는 '귀가 먹먹하다'라고 쓰는 게 맞겠죠?

범민 일기

비행기를 타면 다양한 영화를 볼 수 있어서 시간이 금방 간다. 사이다나 주스를 마실 수도 있어서 좋다. 귀가 **먹먹**해서 괴로운 것 빼고는 다 좋다.

확장
어휘

막막하다 : 쓸쓸하고 고요하다, 꽉 막힌 듯이 답답하다.

심사숙고

깊이 신중하게 생각하다.

深	思	熟	考
깊을 심	생각할 사	익을 숙	생각할 고

중대한 결정이나 중요한 문제에 대해 깊게 고민하고 신중을 기한다는 뜻이에요. 일상의 여러 문제도 오랫동안 고민하고 잘 결정해야 위험을 줄일 수 있고 후회가 남지 않겠죠? 반려동물을 키우는 것, 스마트폰을 사는 것도 깊은 고민과 결심이 필요한 일이에요. 현명한 판단을 내리기 위해 필요한 자세이자 책임감 있는 태도를 강조하는 말입니다.

범민 일기

우리 집은 가끔 저녁에 배달 음식을 먹는다. 제일 먼저 엄마가 나에게 선택권을 준다. 그럴 때 나는 심하게 심사숙고하다 보니 시간이 너무 오래 걸린다. 기다리다 못한 엄마가 말한다. "그냥 돈가스 먹어!" 그럴 거면 왜 물어봤을까?

**확장
어휘**

숙려(熟慮) : 곰곰이 생각함.

뱁새가 황새를 따라가면
다리가 찢어진다

힘에 버거운 일을 억지로 하면
도리어 해를 입게 됨을 이르는 말.

적당한 욕심은 더 잘하고 싶은 의지지만 욕심이 지나치면 오히려 해가 됩니다. 저는 몸이 뻣뻣한 편인데요. 유연한 사람들이 부러워 스트레칭을 심하게 하다가 크게 다친 적이 있답니다.

범민 일기

사촌 형은 미국에 살고 있어서 우리말을 잘 못한다. 대신 영어를 아주 잘한다. 형이 한국에 놀러 왔을 때 나도 형을 따라 영어를 몇 마디 했는데, 안 하던 발음을 하니 혀가 아팠다. 뱁새가 황새 따라가다 혀가 구부러진 거다.

명실상부

명성만큼 실제로도 훌륭하다.

名	實	相	符
이름 명	내용 실	서로 상	들어맞을 부

중국 삼국 시대 군주였던 조조의 일화에서 유래한 고사성어예요. 훌륭하다는 소문을 익히 들어 온 장수가 있었는데, 실제로 보니 역량도 뛰어나고 충성심도 깊어 '명실상부'라는 말을 사용했다고 해요. 포장과 품질, 명성과 실력이 정확하게 맞아떨어질 때 이 말을 사용하면 좋겠죠?

범민 일기

엄마와의 체스 대결은 자신 있다. 예전에는 엄마가 이긴 적도 있는데, 이제는 내가 쉽게 이긴다. 우리 집 체스 최강자는 아빠였다. 하지만 이제 내 실력도 만만치 않다. 체스 학원을 더 열심히 다녀서 명실상부한 우리 집 체스 최강자가 되어야겠다.

확장
어휘

명불허전(名不虛傳) : 이름이 널리 알려진 데는 그만한 이유가 있음.

소 뒷걸음질 치다 쥐 잡기

'소가 뒷걸음질 치다가 우연히 쥐를 잡게 되었다'는 뜻으로,
어쩌다 좋은 결과를 낸 경우를 이르는 말

움직임이 느린 소가 뒤로 물러서다가 우연히 거기 있던 쥐를 밟는 바람에 잡게 되었다는 말이에요. 아무 생각 없이 내뱉은 답이 정답일 때처럼, 뜻밖에 좋은 결과를 얻었을 때 이 말을 쓸 수 있겠죠?

범민 일기 동네 형들과 축구를 했다. 다른 팀 형들의 실력이 보통이 아니었다. 막상막하의 상황에서 다른 팀 형이 자살골을 넣어 우리가 승리를 차지했다. 소 뒷걸음질 치다 쥐를 잡은 꼴이다.

달도 차면 기운다

행운이 언제까지나 계속되는 것은
아님을 이르는 말.

둥근 보름달이 점차 줄어 손톱 모양의 그믐달이 되듯이, 일이 잘되는 때가 있으면 반드시 그렇지 못한 때도 있다는 의미예요. 그러니 자만할 필요도 없고, 낙담할 필요도 없겠죠. 저는 이 속담이 마음에 들어요. 우리 인생이 담긴 말 같아서 위로가 되거든요.

월요일과 목요일은 '부루마블'을 하는 날이다. 아빠가 두 번 연속으로 큰 승리를 거두고 자만에 빠져 있을 때 다음 판에서는 완벽하게 진다. 이것이 바로 '달도 차면 기운다'는 말의 뜻인 것 같다. 흥할 때가 있으면 망할 때도 있다.

4월
16일

우유부단

결정을 못 한 채 어물어물 망설이고 머뭇거린다.

優	柔	不	斷
부드러울 우	부드러울 유	아닐 부	결단할 단

결정을 잘 내리지 못해 매사에 이러지도 저러지도 못하는 성격을 '우유부단 하다'라고 해요. 스스로 결단 내리기를 어려워해 남에게 미루거나 망설이며 머뭇거리는 것을 이렇게 표현하죠. 살면서 스스로 선택해야 하는 순간이 정말 많은데요. 식당에 들어가 메뉴를 고르는 것, 친구와 놀거리를 찾는 것도 모두 결정이 필요한 일이에요.

범민 일기

나는 좋고 싫은 게 분명한 사람이다. 엄마는 의견이 확실한 것은 좋지만 결정에 대한 이유를 설명할 줄 알아야 한다고 했다. 그래서 가끔 내 결정에 대해 "왜?"라고 묻는데, 그럴 땐 나도 귀찮아서 내가 **우유부단**한 사람이었으면 좋겠다고 생각한다.

확장 어휘

결단력(決斷力) : 판단을 하거나 결정을 내릴 수 있는 능력.

낫 놓고 기역 자도 모른다

글자를 하나도 모를 정도로
아는 것이 전혀 없음을 이르는 말.

기역 자 모양으로 생긴 농기구 '낫'을 옆에 두고도 '기역'을 알지 못할 정도로 무식하다는 뜻이에요. 너무 쉬운 것을 모르거나 누구나 알고 있는 상식을 모를 때 이 말을 쓰죠. 당당하고 자신 있는 사람이 되고 싶다면 배우는 것을 게을리 하지 말아야 해요.

범민 일기

어릴 때 내가 쓴 글자와 그림을 보면 정말 아는 게 없어 보인다. 내 이름도 제대로 못 쓰다니, 낫 놓고 기역 자도 모르던 시절이 있었다. 나는 부끄러운데 엄마는 귀엽다고 한다.

임기응변

그때그때 상황에 맞춰 그 자리에서 일을 결정하거나 처리하다.

臨	機	應	變
임할 임	때 기	응할 응	변할 변

누구나 예상치 못한 상황이나 위기에 언제든 맞닥뜨리게 되죠. 그럴 때 당황하지 않고 상황에 맞게 곧바로 대처하는 것을 '임기응변'이라고 해요. 면접시험에서 꼭 필요한 능력이 바로 임기응변인데요. 준비한 대로 상황이 흘러가지 않더라도 여유를 잃지 않고 잘 대응하는 태도가 사회생활을 하는 데 중요하기 때문이죠.

범민 일기

나는 어릴 때부터 **임기응변**이 뛰어나다고 생각했다. 엄마가 화난 채 청소를 하고 있으면 나는 아무 데나 벗어 놓은 옷을 슬쩍 소파 밑으로 깊숙이 밀어 넣어 위기를 모면한다. 나중에 엄마가 그 옷을 발견하면 "언제 밑으로 떨어졌지?" 라고 말해 위기를 모면한다.

확장 어휘

순발력(瞬發力): 순간적으로 판단해서 적절하게 말하고 행동하는 능력.

늘이다 vs 늘리다

원래보다 길어지게 하다. vs 원래보다 커지게 하다.

길이를 연장하는 행위와 관련된 '늘이다'와 넓이나 부피를 커지게 하는 '늘리다'의 차이를 이해해야 해요. 치즈나 엿처럼 쭉쭉 늘어나는 것은 길이와 연관이 있기 때문에 '늘이다'를 써요. 학생 수, 집 평수, 몸무게는 수, 넓이, 무게를 커지게 하는 것이라 '늘리다'라고 쓰죠. 둘 다 '늘다'에서 나왔어요.

범민 일기

나는 큰 키가 좋다. 우유를 싫어하는 대신 운동을 많이 해 키를 **늘이려고** 노력한다. 그런데 늘리고 싶지 않은 몸무게만 느는 것 같다. 어른이 되었을 때 아빠보다 큰 키와 엄마보다 적은 몸무게를 원한다.

확장 어휘

재주, 능력, 시간에도 '**늘리다**'를 씀.

4월

18일

성에 차다

마음에 충분히 흡족한 상태를 이르는 말.

'충분히 마음에 들 만큼 만족스럽다'라는 뜻입니다. 여기서 '성'은 타고난 마음, 즉 본성이나 본바탕을 의미하는데요. 그걸 채운다는 뜻인 만큼 아주 만족스러울 때 이 표현을 사용할 수 있겠죠? 반면 만족스러울 만큼 마음에 들지 않을 경우에는 '성에 차지 않는다'라고 말합니다.

범민 일기

주말마다 축구를 배우러 간다. 우리 코치님은 무척 멋있다. 내가 아는 남자 중 가장 멋있다. 그래서 더 열심히 배우게 된다. 오늘은 골든골까지 넣어서 성에 찼다. 마치 내가 손흥민 선수가 된 것 같았다.

확장
어휘

성이 나다: 못마땅하거나 언짢아서 화가 나다.

눈독을 들이다

무언가를 차지하고 싶은 욕심을 내 눈여겨보다.

욕심을 내 들여다보는 기운을 눈의 독기, 눈독이라고 해요. 무언가를 차지하고 싶은 욕심 가득한 눈으로 바라보는 것을 뜻하죠. "눈독 들이지 마"라는 말은 내 것을 가져가고 싶어 하는 상대의 마음을 알아차리고 자신의 소유임을 분명하게 밝히는 것이랍니다.

 범민 일기

나는 사촌 형의 물건을 많이 물려받았다. 옷, 책, 장난감 등. 지금 내가 눈독을 들이고 있는 건 형이 모아 온 게임 칩이다. 저것도 언젠간 나에게 오겠지?

확장
어휘

과분지망(過分之望) : 분수에 넘치는 욕망.

꽁무니를 빼다

슬그머니 피하여 물러남을 이르는 말.

꽁무니는 엉덩이를 중심으로 한, 몸의 뒷부분을 뜻합니다. '꽁무니를 빼다'라는 표현은 앞장서서 책임질 것처럼 하다가 눈치를 보며 슬쩍 피하거나 도망간다는 뜻으로 사용됩니다. 아무래도 부정적인 의미가 강한 말이죠. 비겁하고 용기 없는 행동을 묘사할 때 자주 쓰입니다.

범민 일기

나는 아직도 엄마가 책을 읽어 주는 것이 좋다. 어젯밤에는 엄마가 책 세 권을 골라 놓으라고 큰소리치더니 책이 너무 두껍다고 꽁무니를 뺐다. 끝까지 엄마를 쫓아갔지만 엄마는 결국 포기를 선언했다. 정신력이 약한 것 같다.

확장
어휘

정신은 꽁무니에 차고 다닌다: 정신이 없어 뭐든지 잘 잊어버리는 사람을 놀리는 말.

간담이 서늘하다

몹시 놀라 섬뜩하다.

간담은 우리 몸속 장기인 간과 쓸개를 뜻합니다. 둘 다 몸속 깊숙이 있는 만큼 '간담'은 우리의 '속마음'을 비유적으로 이르는 말인데요. 얼마나 크게 놀랐으면 간과 쓸개까지 서늘한 느낌을 받을까요? 크게 놀라 무섭고 긴장되는 마음을 표현할 때 사용하면 좋은 말입니다.

범민 일기

새벽에 잠에서 깼다. 깜깜한 방 안에서 눈을 떴는데 저 앞에 사람처럼 보이는 게 있었다. 간담이 서늘해져 엄마 아빠 방으로 달려가 귀신이 있다고 말했다. 아빠가 눈을 비비며 내 방으로 왔다. 어젯밤 걸어 놓은 옷이었다.

확장
어휘

간담을 털어놓다: 속마음을 숨김없이 전부 말하다.

뵈다 vs 봬다

'웃어른을 대하여 보다'를 뜻하는 '뵈다'.

'만나다'의 낮춤말은 '봬다'가 아니라 '뵈다'예요. 자신을 낮추고 상대를 높일 때 쓰는 표현이죠. 발음이 같아 헛갈릴 수 있는데요. '선생님을 뵈다'가 정확한 맞춤법입니다. 다만 '뵈다'의 과거형은 '뵀다(뵈었다)'이고, '요'로 끝날 경우에는 '봬요(뵈어요)'라고 씁니다.

범민 일기

할머니를 **뵈러** 갔다. 할머니는 늘 나와 재미있게 놀아 주신다. 그래서 내가 최고로 좋아한다. "할머니, 지금 **뵈러** 갈게요"라고 전화하고 출발하는 시간이 나는 제일 설렌다.

확장
어휘

뵙다: '뵈다'보다 더 자신을 낮추는 말.

마이동풍

다른 사람의 말을 흘려듣다.

馬	耳	東	風
말 마	귀 이	동녘 동	바람 풍

말의 귀에 동풍이 아무 의미 없듯이, 남의 의견이나 충고를 귀 기울이지 않고 흘려 버린다는 뜻이에요. 다른 사람의 의견을 무시하고 자기 멋대로 하는 경우에 이 표현을 쓰죠. 부모님이 게임을 그만하라고 타이르거나 숙제를 하라고 해도 유튜브를 보며 들은 척 만 척한다면 이 말을 쓸 수 있겠죠?

범민 일기

큰 말을 가까이에서 본 적이 있다. 말을 보고 내려오는 길에 말로 시작하는 사자성어를 배웠다. '마이동풍'. 나는 아빠에게 내 말을 **마이동풍**하지 말라고 했고, 아빠도 나에게 **마이동풍**하지 말라고 말했다. 우리는 서로의 말을 잘 들어 주기로 약속했다.

확장
어휘

추풍과이(秋風過耳) : 어떤 말도 귀담아듣지 않음.

4월
21일

티끌 모아 태산

아무리 작은 것이라도 모이고 모이면
큰 것이 됨을 이르는 말.

'티끌'은 먼지나 모래 같은 부스러기를 말해요. '태산'은 높고 큰 산이죠. 먼지처럼 작고 보잘것없는 것이라고 하찮게 여기면 안 돼요. 100원이 100개 모이면 돼지저금통의 배가 터질 만큼 큰돈이 됩니다.

범민 일기

나는 돈을 안 쓴다. 아기 때부터 모은 돈을 거의 쓴 적이 없다. 티끌 모아 태산이기 때문에 돈이 생기면 모두 통장에 넣는다. 대신 아빠 돈을 쓴다.

각골난망

남에게 받은 은혜와 도움을 뼈에 새겨 잊지 않는다.

刻	骨	難	忘
새길 **각**	뼈 **골**	어려울 **난**	잊을 **망**

힘든 일을 겪을 때 선뜻 도움의 손길을 내미는 분들이 있습니다. 내가 절박한 상황일 때 받은 도움은 쉽게 잊히지 않겠죠? 그럴 때 쓰는 말이 '각골난망'입니다. 뼈에 새겨 잊지 않고자 하는 마음이라면 얼마나 큰 감사함이겠어요? 여러분도 주변 사람이 어려운 일을 겪을 때 선뜻 도움을 줄 수 있는 사람으로 커 나가길 바랍니다.

범민 일기

엄마는 나에게 어려운 일이 생기면 도움을 요청하라고 말한다. 엄마 아빠는 내가 힘들 때 도와주기 위해 존재하는 사람이라고 했다. 이 말은 언제나 감동적이다. 나는 각골난망해서 엄마에게 은혜를 갚을 것이다.

**확장
어휘**

밤 잔 원수 없고 날 샌 은혜 없다 : 원한과 은혜는 모두 시간이 지나면 잊힌다.

남의 장단에 춤춘다

자기 생각 없이
남이 하는 대로 따라 함을 이르는 말.

어른이 되면 자신의 결정에 책임을 지는 태도가 중요합니다. 책임을 지기 위해서는 스스로 생각하고 선택하는 연습이 필요해요. 그러지 않으면 평생을 남의 장단에 춤추며 살기 쉬우니까요. 무엇을 왜 좋아하는지 자신에 대해 알기 위해 노력해 보세요.

범민 일기

아빠가 사우나에 가겠다고 했다. 나는 아빠랑 놀고 싶었기 때문에 사우나에 가는 걸 허락할지 말지 고민해 보겠다고 말했다. 아빠는 "그건 내 마음"이라고 했다. 남의 장단에 춤추지 않겠다는 뜻 같아 멋있었다.

뿌린 대로 거둔다

자신이 노력한 만큼
결과로 돌아온다.

좋은 씨를 많이 뿌리면 풍성한 열매를 얻을 수 있듯이, 사람도 어떻게 하느냐에 따라 그 결과가 그대로 돌아온다는 뜻이에요. 성실하지 못한 태도는 그런 결과로, 최선을 다한 노력은 그만큼의 결실로 돌아옵니다.

좋은 씨를 뿌렸더니 올해는 풍년이네.

범민 일기

나는 수학은 자신이 있다. 하루도 빠짐없이 매일 학습지를 푸는 것이 습관이 되었기 때문이다. 그래서 수학을 좋아하게 되었다. 하지만 영어는 자신이 없다. 둘 다 내가 뿌린 대로 거둔 결과다.

4월

23일

일거양득

한 가지 일로 두 가지 이익을 얻다.

一	擧	兩	得
한 일	움직일 거	둘 양	얻을 득

한 가지 일을 해서 두 가지 이익을 얻을 수 있다면 무척 효율적인 방법이겠죠? '일거양득'과 비슷한 속담으로 '누이 좋고 매부 좋고'와 '꿩 먹고 알 먹고'가 있는데요. 워낙 기분 좋은 뜻이어서일까요? 속담과 사자성어에 다양한 표현이 있어, 같은 상황이더라도 여러 표현을 사용하는 재미가 있습니다.

범민 일기

아빠와 '알까기' 게임을 자주 한다. 이 게임에서 가장 기분이 좋은 경우는 한 번에 두세 알을 제거할 때다. 그럴 때 나는 "아빠, 일타쌍피야!"라고 외친다. 아빠는 그 말보다는 **'일거양득'**이 좋다고 했다. 하지만 나는 '일타쌍피'가 더 살아 있는 느낌이다.

확장 어휘

일석이조(一石二鳥) : 한 가지 일로 동시에 두 가지 이득을 봄.

오르지 못할 나무는
쳐다보지도 마라

자신의 처지와 능력에 맞지 않는 일이라면
처음부터 욕심을 내지 말라는 말.

분에 넘치는 일이나 불가능한 일은 시작하지 않는 것이 현명하다는 뜻이에요. 노력으로 이룰 수 있는 일이 훨씬 많지만 가끔은 자신의 능력 밖의 일도 있거든요. 우선 자신의 능력을 잘 생각해 본 다음, 정말 무모한 일이라면 시도하지 않는 게 좋겠죠?

 범민 일기

엄마는 나에게 최고다. 엄마가 안아 주면 에너지가 생기고 엄마가 없으면 기운이 없다. 아빠는 자기도 엄마처럼 사랑해 달라고 한다. 이럴 때 이 속담을 쓴다. "오르지 못할 나무는 쳐다보지도 마세요." 엄마에 대한 나의 사랑은 누구도 뛰어넘을 수 없다.

동상이몽

겉으로는 함께하는 것 같지만 속으로는 다른 생각을 품고 있다.

同	牀	異	夢
같을 동	침상 상	다를 이	꿈 몽

'같은 잠자리에서 자지만 서로 다른 꿈을 꾼다'는 뜻이에요. 겉보기에는 같은 생각을 하고 함께 행동하는 것처럼 보이지만 속으로는 각자 다른 생각을 품고 있음을 의미하죠. 또는 입장은 같지만 목표는 다른 사람들을 비유할 때 이 표현을 쓰기도 합니다.

범민 일기

아빠가 회사에서 휴가를 받았다고 했다. 그러자 엄마는 제주도에 놀러 가자고 했고, 나는 레고랜드에 가자고 했다. 아빠가 말했다. "나는 이번 휴가 때 집에서 푹 쉴 거야." **동상이몽**이란 이런 것일까?

확장 어휘

동상각몽(同牀各夢) : 같은 잠자리에서 자면서 각자 다른 꿈을 꿈.

눈살 vs 눈쌀

'두 눈썹 사이에 잡히는 주름'을 뜻하는 '눈살'.

사람들에게 피해를 주는 행동은 눈살을 찌푸리게 합니다. 이때 눈살은 두 눈썹 사이에 잡히는 주름을 뜻해요. 표기는 '눈살'이지만 발음이 '눈쌀'로 나기 때문에 잘못 표기하는 경우가 많은데요. 발음과 표기가 반드시 같지는 않다는 걸 꼭 기억하세요. '눈쌀'은 없는 말이랍니다.

 범민 일기

커피를 마시고 플라스틱 컵을 놀이터에 두고 가는 어른이 있다. 어린이들은 공공질서를 잘 지키는데, 왜 어른들은 눈살을 찌푸리게 하는 행동을 하는 걸까? 쓰레기는 분리수거 후 쓰레기통에!

확장
어휘

등쌀 vs 등살: 몹시 귀찮게 구는 짓. vs 등에 붙어 있는 살.

깨가 쏟아지다

무척 아기자기하고 재미있음을 이르는 말.

이 말은 깨를 수확하는 방법과 관련이 있어요. 참깨를 햇볕에 잘 말린 다음 나무 막대기로 툭툭 치면 깨가 우수수 쏟아지는 진풍경에서 비롯됐습니다. 주로 신혼부부에게 이 표현을 많이 쓰는데요. 결혼 초기에 조금만 건드려도 사랑이 우수수 쏟아지는 모습이 마치 깨가 떨어지는 모습 같아서 "깨가 쏟아지네!"라고 한답니다.

범민 일기

엄마는 결혼하기 전에 아빠를 '오빠'라고 불렀다고 한다. 깨가 쏟아지는 시절이었다. 지금은 다르다. 화가 나면 아빠를 보고 "얌마!"라고도 한다. 이건 사기 결혼이다.

확장
어휘

깨를 볶다: 정답고 재미있다.

국물도 없다

돌아오는 몫이나 이득이 아무것도 없음을 이르는 말.

국이나 찌개를 먹을 때, 안에 들어 있는 건더기를 먹다 보면 국물만 남게 되죠. 이렇게 마지막에 후루룩 마시는 국물마저 없다는 거니까, 내게 돌아오는 이득이 아무것도 없을 때 사용하는 말입니다.

범민 일기

우리 집은 규칙을 중요하게 여긴다. 나의 강력한 무기인 귀여움도 규칙을 어기면 힘을 잃는다. 그날 할 일을 하지 않으면 **국물도 없는** 곳이 바로 우리 집이다.

확장
어휘

척촌지리(尺寸之利) : 얼마 되지 않는 아주 작은 이익.

귀 빠진 날

세상에 태어난 날을 이르는 말.

산모가 아기를 낳을 때 가장 힘든 건 아기 머리가 빠져나오는 순간이라고 합니다. 그중 귀가 나올 때 가장 힘들다고 해요. 귀가 빠져나오면 몸통과 다리는 쉽게 따라 나오니 출산은 다 한 거나 다름없답니다. 한 아이가 무사히 태어난 것이죠. 이렇게 가장 힘든 고비를 넘겼다는 의미에서 '귀 빠진 날'을 생일을 뜻하는 말로 쓰는 거예요.

범민 일기

생일 파티를 했다. 엄마는 내 **귀가 빠진 날**을 이렇게 표현했다. "너무 아프고 힘들었지만 정말로 행복한 날이었다." 나는 엄마 말을 믿는다. 엄마가 나를 낳았을 때 표정을 사진으로 봤기 때문이다.

확장
어휘

귀가 얇다 : 자신의 의견 없이 남의 말을 쉽게 받아들인다.

어깨를 나란히 하다

실력이나 수준이 같거나 비슷함을 이르는 말.

친구들과 나란히 서면 어깨 높이가 비슷하지만 어른과 서면 한참을 올려다 봐야 하죠? 하지만 '어깨를 나란히 하다'에서 중요한 건 키나 나이가 아닙니 다. 어떤 영역에서 실력과 역량이 비슷할 때 이 표현을 사용하는데요. 아빠 와 체스 실력이 비슷하다면 "체스에서 아빠와 어깨를 나란히 했다"라고 말 할 수 있죠.

범민 일기

우리 할머니는 키가 작다. 체격으로는 나와 어깨를 나란히 할 정도다. 할머 니는 아니라고 하시지만 나는 할머니 정수리가 보이는 것 같다.

확장
어휘

어깨를 견주다: 서로 비슷한 지위나 힘을 가지다.

희한하다 vs 희안하다

'매우 드물거나 신기하다'라는 뜻의 '희한하다'.

'희한'은 '드물 희(稀)' 자와 '드물 한(罕)' 자가 합쳐진 말이에요. 말 그대로 '드물고 또 드물다'는 뜻이죠. 무언가 신기하거나 일어나기 힘든 일이 벌어졌을 때 이렇게 말해요. '희한'과 '희안'은 비슷하게 생기기도 했고 둘 다 '희안하다'로 발음되기 때문에 헷갈리기 쉬운데요. 맞춤법은 참 희한하죠?

범민 일기

엄마는 아빠와 연애할 때 햄버거도 먹지 않았다고 한다. 입을 크게 벌리는 모습을 보여 주기 싫었기 때문이다. 그런데 지금은 아무렇지도 않다. 삼겹살을 상추에 싸서 먹을 때는 정말 입이 크게 벌어진다. 이건 분명 희한한 일이다.

확장
어휘

'희안하다'는 없는 말.

개과천선

지난날의 잘못을 고쳐 착하게 변하다.

改	過	遷	善
고칠 개	지날 과	옮길 천	착할 선

누구나 실수를 합니다. 아무리 위대한 인물도 처음부터 완벽할 수는 없죠. 중요한 건 실수를 하지 않는 게 아닙니다. 잘못을 했을 때 반성하고 같은 실수를 반복하지 않는 게 훨씬 중요해요. 지난날의 실수로 남들에게 손가락질을 받았더라도 허물을 고쳐 새사람이 된다면 정말 멋진 일이죠.

범민 일기

요즘 아빠가 술을 덜 마신다. 그렇게 말려도 밤마다 와인과 맥주를 마셨는데, 이상한 일이다. 왜 그러냐고 물어보니 소화가 안 돼서 그런다고 했다. **개과천선**한 아빠의 모습에 우리 가족 모두가 놀랐다. 아빠의 건강이 회복되었으면 좋겠다. 그럼 다시 술을 마시겠지?

확장
어휘

결의(決意) : 뜻을 정해 굳게 마음을 먹음.

언 발에 오줌 누기

잠깐 피해 갈 수 있는 임시방편일 뿐,
곧 상황이 더 나빠지는 것을 이르는 말.

언 발에 오줌을 누면 따뜻하겠지만 잠시뿐이라는 의미예요. 시험을 앞두고 벼락치기를 하면 당장은 점수가 잘 나오겠지만 시간이 조금만 지나면 다 잊어버릴 거예요. 발등에 떨어진 불을 끄기 위한 임시방편일 뿐, 진짜 알게 된 것은 아니기 때문이죠.

어때요, 따뜻하죠?

떨 떨 떨

범민 일기

엄마가 자기 전에 어질러진 장난감을 정리하라고 했다. 나는 대충 한곳에다 몰아넣었다. 하지만 엄마는 이건 정리가 아니라며 제대로 해야 잠자리에 들 수 있다고 했다. 귀찮아서 언 발에 오줌 누기로 대충 방을 정리한 대가였다.

두문불출

문을 닫고 밖으로 나가지 않는다.

杜	門	不	出
닫을 두	문 문	아닐 불	날 출

조선 시대에 벼슬을 하는 건 가문의 영광이었어요. 하지만 왕이 백성을 돌보지 않고 나쁜 행동을 할 때에는 왕이 불러도 벼슬길에 나가지 않고 고향에 머무는 신하들이 있었습니다. '두문불출'은 이처럼 집 밖으로 나가지 않고 세상을 등진 채 숨어 지낸다는 뜻이랍니다.

범민 일기

엄마는 감기에 철저하다. 가족 중 누군가 감기에 걸리면 집에서도 모두 마스크를 써야 한다. 밥도 각자 먹고, 방문을 닫고 자기 방에서만 생활한다. 감기가 옮지 않도록 하기 위해서다. 이런 게 바로 두문불출이다.

확장
어휘

은거(隱居) : 세상을 피해 숨어서 조용히 삶.

4월
29일

아니 땐 굴뚝에 연기 날까

소문에는 그럴 만한 원인이 있음을
이르는 말.

불을 때지 않았는데 연기가 날 리 없겠죠. 원인이 없으면 결과도 있을 수 없으니, 평소 행동을 조심해야 한다는 의미로 쓰여요. 떠도는 모든 소문이 다 진실은 아니에요. 직접 보고 확인하지 않은 소문은 크게 부풀려졌거나 거짓인 경우도 있답니다.

범민 일기

집에서 지독한 향기가 났다. 나는 단번에 아빠의 향수 냄새라는 걸 알았다. 그러나 아빠는 절대 아니라고 했다. 평소에도 향수 뿌리는 걸 알고 있는데, 아니 땐 굴뚝에서 연기가 날 리 없다.

눈 가리고 아웅

다 알고 있는데 얕은 수로
상대를 속이려 하는 것을 이르는 말.

남을 속이려고 꾀를 부리지만 뻔히 보이는 얕은 수라는 의미예요. '아웅'은 얼굴을 손으로 가리고 있다가 손을 떼면서 어린아이를 어르는 소리입니다. 그렇게 모두가 알 법한 속임수를 쓰는 경우를 말하죠.

범민 일기 감기에 걸린다고 얼음을 못 먹게 하는 엄마 몰래 얼음물을 마신 적이 있다. 아닌 척했는데 내 볼에 얼음이 볼록 튀어나와 있어 들켜 버렸다. 나는 감히 엄마를 상대로 눈 가리고 아웅을 한 것이다.

권선징악

착한 일은 권하고 나쁜 짓은 벌한다.

勸	善	懲	惡
권할 권	착할 선	혼낼 징	악할 악

고운 마음으로 착한 일을 한 사람에게는 좋은 일이 생기고, 악한 마음으로 나쁜 짓을 한 사람에게는 반드시 벌이 내려진다는 말이에요. 제비가 다리를 고쳐 준 흥부에게는 박씨를 물어다 주지만 욕심 많고 못된 놀부에게는 무서운 벌이 내린 전래동화를 알고 있죠? 흥부와 놀부 이야기를 생각하면 이 말의 의미를 잘 알 수 있을 거예요.

범민 일기 >

권선징악은 당연한 말이다. 엄마에게 짜증을 부리고 못되게 행동하면 이상하게 꼭 배가 아프다. 하지만 아빠 말을 잘 듣고 착하게 행동하면 아빠는 나를 데리고 오락실에 가 준다. 이렇게 직접 겪고 나면 **권선징악**은 진짜 사실이라는 걸 믿게 된다.

확장
어휘

위선(僞善) : 착한 체함. / **위악**(僞惡) : 악한 체함.

못 먹는 감 찔러나 본다

내가 갖지 못할 바에는 남도 갖지 못하게
일부러 망가뜨리는 심술궂은 마음을 이르는 말.

감을 먹고 싶은데 내가 먹을 수 없는 감이라면 심통이 나겠죠? 그래서 남도 못 먹게 찔러 놓는다는 거예요. 이 말은 자신에게 이익이 돌아가지 않으면 훼방을 놓아 일을 그르친다는 의미입니다. 그런 사람의 됨됨이가 좋지는 않겠죠?

범민 일기

나는 외식을 싫어한다. 밖에 나가는 게 귀찮기 때문이다. 하지만 가끔 엄마는 짜장면을 먹으러 가고 싶다고 한다. 그럴 때 나는 짜장면을 배달시켜 먹자고 말한다. 내가 집밥을 못 먹으니 엄마도 외식은 하지 못하게 하는, 못 먹는 감 찔러나 보는 심보다.

5월

9월

군계일학

뛰어난 재능과 능력이 있어 많은 사람 중 단연 돋보이는 사람.

群	鷄	一	鶴
무리 군	닭 계	한 일	학 학

군계일학, 즉 '여러 마리의 닭 무리 가운데 서 있는 학 한 마리'를 떠올려 보세요. 닭과 비교해 유난히 하얗고 우아한 모습이 눈에 띄겠죠? 이처럼 평범한 여러 사람 중 가장 뛰어난 사람을 이를 때 이 표현을 씁니다. 남들보다 더 많은 노력을 했기 때문에 빛나는 존재가 될 수 있었겠죠? 우리에게도 군계일학이 될 수 있는 잠재력이 얼마든지 있답니다.

범민 일기

축구 클럽에서 한 살 많은 형들과 경기를 했는데, 역시 형들은 달랐다. 덩치도 크고 힘도 셌다. 특히 9번 유니폼을 입은 형이 대단했다. 드리블로 우리 편 모두를 제치고 골을 넣었다. 아빠도 9번 형을 보고 **군계일학**이라고 말했다. 나도 그 형처럼 되고 싶다.

확장
어휘

발군(拔群) : 여럿 가운데서 특별히 뛰어남.

수군수군 vs 수근수근

'남이 모르게 속삭이는 소리 또는 모양'을 뜻하는 '수군수군'.

일상에서 자주 쓰이지만 정말 헷갈리는 표현 중 하나예요. '수근거리다, 수근대다'가 어색하지 않게 느껴지겠지만 모두 틀린 표기입니다. 남이 알아듣지 못하도록 나지막하게 가만가만 이야기하는 것은 '수군거리다, 수군대다'가 맞습니다. 따라서 '소곤소곤', '수군수군'만 맞는 표현이에요.

범민 일기

아빠랑 엄마는 대화를 많이 한다. 커피를 마시면서도 하고, 와인을 마시면서도 끊임없이 말한다. 가끔은 내가 듣지 못하게 수군거릴 때가 있는데, 그럴수록 내 귀는 더 커진다. 그래서 나는 알고 있는 비밀이 꽤 많다.

확장
어휘

조곤조곤: 성질이나 태도가 차분하고 조용하며 꼼꼼한 모양.

날개가 돋치다

**인기가 있어 빠른 속도로 팔림 혹은
소문이나 소식이 먼 데까지 빨리 퍼짐을 이르는 말.**

날아가는 새를 보면 부러울 때가 많습니다. 날개가 있어서 훨훨 날아 가고 싶은 곳에 빨리 도착할 수 있으니까요. 날개가 있는 새처럼 어떤 상품이 아주 빠른 속도로 팔려 나갈 때 이 표현을 씁니다. 또는 의지가 치솟거나 돈이 빠르게 불어날 때, 소문이 먼 데까지 빨리 퍼질 때도 사용하죠.

범민 일기

일본에 간 아빠가 포켓몬 선물을 사다 주었다. 필통과 가방 그리고 연필까지. 아빠는 포켓몬 센터에 다녀왔는데 정말로 놀라웠다고 한다. 엄청나게 많은 사람이 줄을 섰고, 포켓몬 인형은 **날개 돋친** 듯 팔렸다고 했다. 나도 언젠가 포켓몬 센터에 가 볼 거다.

확장
어휘

날개를 펴다: 자신의 생각과 능력을 마음껏 발휘하다.

머리털이 곤두서다

상황이 무섭거나 놀라서 신경이 날카로워짐을 이르는 말.

저는 고소공포증이 심해요. 그래서 가능하다면 높은 곳에 잘 올라가지 않는 데요. 얼마 전 어쩔 수 없이 투명 케이블카를 타게 됐습니다. 정말이지 머리 털이 쭈뼛 곤두서는 느낌이 들더군요. 이처럼 정말 두려운 상황에 맞닥뜨리 거나 놀라서 긴장될 때 이 표현을 씁니다.

범민 일기

엄마가 케이블카를 타고 울었다. 너무 무서워서 **머리털이 곤두선다**고 말 했다. 나는 엄마가 우는 게 신기해서 카메라로 영상을 찍었다. 엄마는 무서 워 죽겠는데 무얼 하는 거냐고 화를 냈다.

확장
어휘

등골이 오싹하다: 매우 놀라거나 두렵다.

맥이 풀리다

긴장이 풀어짐을 이르는 말.

맥( )은 기운이나 힘을 뜻해요. 중요한 일을 앞두고는 누구나 긴장을 합니다. 시험을 보는 날이라면 종일 긴장의 연속일 수밖에 없겠죠. 문제를 다 풀고 답안지를 제출하는 순간 몸 안의 긴장이 쫙 풀립니다. 그럴 때 "시험이 끝나니 맥이 풀리네"라고 표현하면 됩니다.

범민 일기

감기에 걸려 열이 41도가 넘었다. 땅이 흔들리고 사물이 크게 보였다. 엄마는 나를 안고 응급실로 달려갔다. 내가 정상 체온으로 돌아오니 엄마는 맥이 풀려 주저앉았다고 한다.

확장
어휘

맥 빠지다: 의욕이 떨어지거나 실망해 기운이 없어지다.

가닥을 잡다

이치에 따라 문제 해결에 다가감을 이르는 말.

'가닥'은 한군데서 갈려 나온 낱낱의 줄입니다. '머리카락 한 가닥' 또는 '전선 가닥'처럼 사용할 수 있죠. 가닥을 잡는다는 건 어떤 문제를 해결하고 풀어 나갈 좋은 방법을 찾아냈다는 뜻입니다. 분위기, 상황, 생각 따위를 이치나 논리에 맞게 바로잡아 갈 때 사용하면 좋은 표현이죠.

 범민 일기

축구 경기에서 우리 팀이 졌다. 모두 열심히 뛰었는데도 2대0으로 패하고 말았다. 아빠는 미드필드에서 수비의 가닥을 잡지 못했다며 안타까워했다. 나도 마음이 아프다.

확장
어휘

무게를 잡다 : 점잖은 척하며 분위기를 무겁게 만들다.

오랜만에 vs 오랫만에

'긴 시간이 흐른 뒤에'를 뜻하는 '오랜만에'.

평소에 많이 쓰이지만 틀리기 쉬운 표기예요. '어떤 일이 있은 때로부터 긴 시간 뒤'를 뜻하는 '오랜만'은 오래간만의 준말로, '오랜만에'라고 표기하는 것이 맞습니다. 사이시옷이 들어간 '오랫만에'는 틀린 표기예요. 앞으로는 반가운 친구에게 "야, 오랜만이다!"라고 정확하게 인사해 주세요.

범민 일기

오랜만에 다시 만난 유치원 때 친구와 재미있게 놀았다. 역시 친구는 오래 될수록 좋은 것 같다. 오랫동안 우리의 우정을 지켜나갈 거다. 사나이의 우정!

확장
어휘

오랫동안: '오래'와 '동안'이 합쳐져 사이시옷이 필요. 오랜동안(×)

사필귀정

모든 일이 결국 바른 방향으로 돌아간다.

事	必	歸	正
일 사	반드시 필	돌아갈 귀	바를 정

거짓말을 하고 나쁜 행동을 하는 친구가 오히려 더 주목을 받고 선생님의 인정을 받는 경우가 있죠? 하지만 잠깐은 몰라도 오래가지는 못해요. 시간이 흐르면 결국 그 사람의 진짜 모습이 드러나기 마련이니까요. 사필귀정이 그런 뜻이에요. 올바른 게 결국 승리한다는 믿음이 있다면 일희일비하지 않고 자신이 옳다고 믿는 방향으로 나아갈 수 있겠죠?

범민 일기

아빠는 요즘 소화가 안 돼 고생이다. 밥을 먹고 나면 꺽꺽거리며 힘들어한다. 병원에 갔는데 특별한 문제를 찾지는 못했다. 엄마는 평소에 술을 그렇게 많이 먹으니 건강이 안 좋아지는 거라며 **사필귀정**이라고 말했다.

확장 어휘

자승자박(自繩自縛) : 자신이 한 말과 행동으로 어려움을 겪음.

배보다 배꼽이 더 크다

주된 것보다 덧붙이는 것이 더 크거나 많음을 이르는 말.

세상에 배보다 큰 배꼽이 있을까요? 이 속담은 기본이 되는 것보다 추가하는 것이 더 크거나 많음을 뜻해요. 게임기 가격보다 수리비가 더 비쌀, 선물보다 포장이 더 화려할 때, 밥보다 디저트를 더 많이 먹을 때 쓸 수 있겠죠?

범민 일기

사촌 형이 책을 물려주겠다고 상자 하나를 들고 왔다. 영어 책과 위인전이 섞여 있었다. 그리고 형은 내 책꽂이에서 〈흔한 남매〉 시리즈를 몽땅 가져 갔다. 나는 분명히 빌려주는 것이니 가져오라고 말했다. 배보다 배꼽이 더 클 뻔했다.

일취월장

나날이 이루고 다달이 발전한다.

日	就	月	將
날 일	이룰 취	달 월	장차 장

어떤 일이든 한 번에 잘할 수는 없습니다. 매일 조금씩 노력을 보태 나가다 보면 어느 순간 꽤 능숙해져 있는 자신을 발견하게 되는 것이죠. 이렇게 끊임없이 노력해 발전해 나갈 때 '일취월장'이라는 표현을 씁니다. 조금씩이어도 상관없습니다. 매일 그리고 꾸준히 해 나간다면 많은 것을 이루고 크게 앞서갈 수 있을 거예요.

 범민 일기

나는 손흥민 선수를 좋아한다. 축구 선수가 꿈이기도 했다. 매일 하다 보니 축구 실력이 조금씩 늘고 있다. 엄마는 축구 실력이 **일취월장**한다면 축구 선수가돼도 좋다고 말했다. 하지만 어느 순간 꿈이 컴퓨터 회사 사장으로 바뀌었다. 축구는 그냥 취미로 해야겠다.

확장 어휘

진보(進步) : 수준이 갈수록 높아지고 좋아짐.

우물 안 개구리

좁은 생각에 갇혀 세상 넓은 줄 알지 못하는 어리석은 사람을 이르는 말.

대학생이 되고 몇 달간 유럽 여행을 떠나게 되었어요. 엄마는 집에만 콕 박혀 있는 걸 좋아하는 저의 등을 떠밀며 말씀하셨죠. 우물 안 개구리처럼 살지 말고 열린 마음으로 더 넓은 세상을 느끼고 경험하고 오라고. 그 여행을 통해 저는 아나운서가 되기로 마음을 먹었습니다.

범민 일기

일곱 살이 됐을 때 엄마와 나는 1년 제주살이를 시작했다. 유치원도 안 다니고 매일 바다로 숲으로 놀러 다녔다. 우물 안 개구리가 되지 말라는 엄마의 뜻이었던 것 같다. 놀기만 했던 그때가 참 좋았다.

모르면 약이요, 아는 게 병

아무것도 모르면 차라리 마음이 편하지만
아는 게 많으면 도리어 걱정거리가 생겨 해로움을 이르는 말.

우리 주위에서 일어나는 많은 일 중에 때로는 모르는 게 도움이 되는 경우도 있습니다. 가슴 아프고 비참한 소식, 확인되지 않은 정보 등으로 인해 아는 게 많아지면 불필요한 걱정이 생기고 스트레스를 받기도 하니까요.

범민 일기

우리 할머니는 추울 땐 추워서 걱정, 더울 땐 더워서 걱정을 하신다. 과일을 안 먹으면 안 먹어서 걱정, 먹으면 많이 먹는다고 걱정이시다. 이게 다 아는 게 많아서다. 역시 모르는 게 약이고 아는 게 병이다.

고진감래

고생 끝에 즐거움이 온다.

苦	盡	甘	來
쓸 고	다할 진	달 감	올 래

'쓴 것이 다하면 단 것이 온다'는 뜻이에요. 즉, 어려운 일이 끝나면 즐거움이 찾아온다는 의미지요. 좋은 성적을 얻기 위해 밤늦게까지 애써 노력하면 곧 좋은 결과로 보상받게 된다는 것을 기억하세요. "고생 끝에 낙이 온다"라는 어른들의 이야기를 믿어도 좋습니다.

범민 일기

숙제를 할 때마다 나는 몸이 더워진다. 그래서 시간이 갈수록 윗도리를 하나씩 벗는다. 싫은 걸 참으면서 하느라 그렇다. 엄마는 숙제를 마치면 시원한 얼음물이나 좋아하는 딸기를 준다. **고진감래**의 뜻을 새기도록 하기 위한 엄마의 전략 같다.

확장
어휘

흥진비래(興盡悲來) : 좋은 일 뒤에는 슬픈 일이 옴.

자라 보고 놀란 가슴 솥뚜껑 보고 놀란다

어떤 사물에 크게 놀라면 비슷하게 생긴 것만 봐도
겁을 내게 됨을 이르는 말.

솥뚜껑은 검고 울퉁불퉁한 모양 때문에 얼핏 보면 마치 자라의 등껍질 같아요. 어떤 사물이나 사건에 크게 놀란 경험이 있는 사람은 그와 조금 비슷한 것만 봐도 마음을 졸이게 되죠.

범민 일기

제주도에 살 때 뱀을 본 적이 있다. 나는 그 자리에 얼어붙었다. 그때부터 땅에 기어다니는 생물을 보면 조금 놀란다. 자라 보고 놀란 가슴 솥뚜껑 보고도 놀라는 것이다.

결초보은

죽은 뒤에도 잊지 않고 은혜를 갚는다.

結	草	報	恩
묶을 결	풀 초	갚을 보	은혜 은

누군가에게 도움을 받았다면 그 고마움을 잊지 않고 반드시 보답해야 해요.
이는 인간의 중요한 도리입니다. 한 번 입은 은혜를 기억하고 언젠가 도움
이 될 수 있을 때 은혜를 갚는 것을 '결초보은'이라고 해요. 평소에 도움이 필
요한 사람에게 따뜻한 마음을 전하며 살아간다면 뜻밖의 상황에서 은혜를
갚겠다는 사람들이 나타날 거예요.

범민 일기

내 꿈은 아주 큰 컴퓨터 회사를 차리는 것이다. 내 회사를 만들어 세계적으
로 성공할 것이다. 그렇게 번 돈으로 엄마 아빠와 할머니에게 **결초보은**하
는 게 꿈이다. 남은 돈으로는 스포츠카를 사고 싶다.

확장
어휘

머리 검은 짐승은 남의 은혜를 모른다: 사람을 돕지 말라는 뜻으로 핀잔하는 말.

화병 vs 홧병

'가슴이 답답해 잠을 자지 못하는 병'을 뜻하는 '화병'.

억울한 마음을 견딜 수 없어 가슴이 답답해지고 머리가 아픈 병이 있어요. 화가 치밀어 올라 잠을 자기도 힘들죠. 이게 바로 '화병(火病)'인데요. '화:뼝' 으로 발음돼 헷갈리기 쉽지만 '홧병'은 틀린 표기예요. 한자어로 구성된 합 성어는 사이시옷 소리가 나더라도 사이시옷을 표기하지 않는답니다.

범민 일기

화가 날 때 어떻게 하는지 물었더니, 엄마는 숨을 깊게 쉬려고 노력한다고 했다. 아빠는 차 안에서 큰 소리를 내면서 푼다고 한다. 나는 그냥 화를 내 버린다. 화병에 걸리는 것보다 낫다.

확장 어휘

곳간, 셋방, 찻간, 숫자, 툇간, 횟수는 한자 합성어지만 사이시옷이 들어감.

물불을 가리지 않다

**위험이나 곤란을 고려하지 않고
막무가내로 행동하는 태도를 이르는 말.**

살다 보면 반드시 행동해야 할 때가 있습니다. 집에 불씨가 번진다면 수단과 방법을 가리지 않고 꺼야 하고요. 좋아하는 친구가 위험에 처한다면 재빨리 나서서 구해야 하겠죠. 어떤 위험이라도 헤아리지 않고 뛰어드는 저돌적인 행동을 표현할 때 '물불을 가리지 않는다'라고 해요.

범민 일기

아빠가 태워 주는 목마는 재밌다. 아빠 어깨에 올라타서 내가 원하는 방향으로 왔다 갔다 하는 게 신난다. 아빠는 너무 힘들다고 한다. 하지만 나는 물불을 가리지 않고 아빠 어깨 위로 올라간다. 내가 더 무거워지기 전에 열심히 목마를 탈 생각이다.

확장
어휘

부탕도화(赴湯蹈火) : 끓는 물이나 뜨거운 불도 가리지 않고 들어감.

몸을 던지다

열정을 다해 일에 열중하는 모습을 이르는 말.

최선을 다해 어떤 일에 열중한다는 뜻이에요. 자신이 하고자 하는 일이나 옳다고 생각하는 일에 몸을 아끼지 않고 헌신할 때 쓰는 표현입니다. 우리 반 체육대회를 우승으로 이끌기 위해 최선을 다했다면 이 표현을 쓸 수 있 겠죠. 또한 생명을 구하기 위해 위험한 현장에 몸을 던져 구조 활동을 벌이 는 119 구급대원들은 세상에서 가장 열정적인 일을 하고 있다고 생각해요.

범민 일기

오늘 축구 경기에서 골키퍼를 맡았다. 나는 경기 내내 몸을 던져서 공을 막 았다. 코치님도 잘 막았다며 칭찬해 주셨다. 사실은 날아오는 공이 조금 무 서웠다. 하지만 내가 두려움을 이긴 것이다.

확장 어휘

진심갈력(盡心竭力) : 마음과 힘을 있는 대로 다 쏟아 냄.

발을 끊다

'오가지 않는다'라는 뜻으로, 관계를 끊음을 이르는 말.

누군가와 교류하려면 서로 만나야 합니다. 서로 만나기 위해서는 발걸음을 옮겨 서로에게 다가가야겠죠. 그래서 관계를 맺을 때 우리는 '발걸음하다'라고도 표현합니다. '발을 끊다'는 반대의 뜻입니다. 더 이상 오가지 않거나 맺었던 관계를 끊을 때 이 표현을 쓰죠.

범민 일기

할아버지 집에만 가면 알레르기가 올라왔다. 며칠 전 그게 할아버지 집에 있는 강아지 때문이라는 사실을 알게 됐다. 나는 어쩔 수 없이 할아버지 집에 발을 끊었다. 대신 밖에서 만나 맛있는 걸 먹는다.

확장
어휘

왕래(往來)하다: 서로 오고 가고 하면서 관계를 지속함.

무릎을 치다

좋은 생각이 떠오르거나 희미한 기억이 되살아났을 때
감탄하는 모습을 이르는 말.

몇 날 며칠을 고민해도 뚜렷한 해결책이 떠오르지 않는 문제들이 있어요. 너무 힘들고 지쳐서 포기할 때쯤 갑자기 좋은 아이디어가 떠오르기도 하는데요. 그럴 때 나도 모르게 무릎을 치며 "이제 됐어!" 하고 소리를 지르게 되죠. 이렇게 갑자기 좋은 생각이 떠오르거나 몹시 기쁠 때 사용하는 말입니다.

범민 일기

나도 모르게 무릎을 치며 소리를 질렀다. 닌텐도 게임을 더 많이 살 방법을 찾았기 때문이다. 나는 엄마와 책을 다 읽으면 받는 칭찬 스티커로 게임 칩을 사기로 했다. 역시 사람은 머리를 써야 한다.

확장
어휘

무릎을 마주하다: 무릎이 닿을 정도로 서로 가까이에 맞대어 앉다.

5월
11일

싫증 vs 실증

싫은 생각이나 느낌. vs 확실한 증거 혹은 실제로 증명함.

비슷한 발음이지만 의미와 표기가 달라 정확히 구분해서 사용해야 하는 단어입니다. '싫증'은 흥미를 잃어 더 이상 새로움을 느끼지 못하는 상태를 말해요. 연산처럼 반복되는 공부는 싫증을 느끼기 쉽죠. 한편 '실증'은 사실과 거짓을 증명하기 위해 검사 또는 검증하는 과정을 의미해요. 과학 연구나 범죄 재판에서 자주 사용되죠.

범민 일기

내가 가장 싫증을 내는 과목은 영어다. 단어를 외울 때 속에서 화가 나고 영어 책을 읽을 때면 가슴이 답답하다. 엄마는 싫증이 나더라도 할 건 해야 한다고 말한다. 봐주는 것 없이 참으로 강력하다.

확장
어휘

넌더리 : 지긋지긋하게 몹시 싫은 생각.

오리무중

5리나 되는 짙은 안개 속에 있는 것처럼 일의 갈피를 잡기 어렵다.

五	里	霧	中
다섯 오	마을 리	안개 무	가운데 중

짙은 안개를 만나 본 적이 있나요? 짙은 안개 한가운데에서는 길을 찾기 어렵듯이, 어떤 일의 갈피를 잡기 어렵거나 상황을 정확히 알기 힘들 때 쓰는 말이에요. 예를 들어, 경찰이 수사하는 사건의 범인을 찾을 수 없어 헤매고 있을 때 이 말을 사용합니다.

범민 일기

엄마가 독감에 걸렸다. 분명 늘 마스크를 쓰고 다녔는데 언제 걸렸는지 알 수가 없다고 했다. 신기한 건 우리 집에서 독감에 걸린 사람이 엄마밖에 없다는것이다. 분명 다 함께 먹고 자고 했는데 왜 엄마만 걸린 걸까? 이거야말로 오리무중이다.

확장
어휘

미궁에 빠지다: 사건이나 문제를 쉽게 해결하지 못하게 되다.

하늘은 스스로 돕는 자를 돕는다

스스로 노력하는 사람에게 하늘이 도움을 주어
성공하게 만듦을 이르는 말.

어떤 일을 할 때 최선의 노력을 다해야 하늘의 도움도 따른다는 말이에요. 그만큼 스스로의 노력이 가장 중요하다는 뜻이죠. 달리기 1등이 목표라면 매일 저녁 운동장으로 나가 달려야 합니다. 스스로 열심히 하지 않는 사람을 하늘이 도와줄 리 없을 테니까요.

범민 일기

엄마의 다이어트가 오락가락한다. 엄마는 절대 안 먹겠다더니 내가 주문한 치킨을 슬쩍 먹는다. 야식 금지라더니 아빠랑 족발을 먹는다. 하늘은 스스로 돕는 자를 돕는다는데, 어쩌려고 그럴까?

괄목상대

눈을 비비고 다시 볼 만큼, 상대의 재주가 부쩍 늘었다.

刮	目	相	對
비빌 괄	눈 목	서로 상	대할 대

사람은 누구나 성장합니다. 옛날에는 보잘것없었지만 배움이나 재능이 깜짝 놀랄 만큼 부쩍 늘었을 때 '괄목상대'라는 표현을 씁니다. 몸이 둔하던 친구가 갑자기 운동을 잘하거나, 공부에 관심 없던 친구의 성적이 크게 올랐을 때 사용할 수 있어요.

범민 일기

요즘은 아빠한테 체스를 이기는 날이 많아졌다. 아빠가 두는 걸 유심히 보면서 왜 저렇게 움직였나 생각해 보곤 했더니 체스가 쉬워졌다. 아빠는 내 실력이 눈에 띄게 늘었다며 괄목상대했다고 칭찬해 줬다. 더 열심히 해서 아빠를 뛰어넘고야 말 거다!

**확장
어휘**

일진월보(日進月步) : 나날이 다달이 성장하고 발전함.

눈에는 눈 이에는 이

해를 입은 만큼
그대로 되돌려줌을 이르는 말.

누군가 나를 약 올리거나 모함으로 곤란하게 만든다고 생각해 보세요. 나쁜 행동을 멈추게 하려고 여러 방법으로 노력을 했는데도 해결되지 않는다면 나도 더 이상 참고만 있지 않겠죠? 계속 피해를 입을 수만은 없으니, 굳게 결심하고 행동을 취할 때 이 표현을 써요.

 범민 일기 아빠랑 목욕을 하다가 물총 싸움을 했다. 얼굴에는 쏘지 않기로 했는데 아빠가 반칙을 해 버렸다. 눈에는 눈 이에는 이니까, 나도 아빠 얼굴에 물총을 쐈다. 아빠가 항복했다.

서당 개 3년이면 풍월을 읊는다

**어깨 너머로 보고 듣는 시간이 충분하면
배움의 양과 깊이가 상당해짐을 이르는 말.**

글을 알 리 없는 서당의 개도 3년이 지나면 시 한 수 정도는 읊게 된다는 말이에요. 아무것도 모르는 사람일지라도 지식과 경험이 풍부한 사람과 함께 지내다 보면 자연히 좋은 영향을 받고 얼마간의 능력을 얻게 된다는 의미죠.

범민 일기

나는 속담을 좋아한다. 표현이 재미있고 숨은 뜻이 신기하다. 그래서 속담 책을 많이 읽는다. 서당 개 3년이면 풍월을 읊는다더니, 나도 일기에 속담을 섞어 쓸 수 있게 되었다.

무용지물

능력이 없는 사람이나 쓸모없는 물건.

無	用	之	物
없을 무	쓸 용	갈 지	물건 물

사람이나 물건이 존재하기는 하지만 쓸 만한 능력이 없거나 값어치를 하지 못할 때 이 표현을 써요. 굴러가지 않는 자전거, 구멍 난 축구공, 뜨거워지지 않는 다리미처럼 제 기능을 하지 못해 아무짝에도 쓸모없는 경우를 이르지요. 어디에서도 자신의 능력을 펼칠 수 없다면 사람도 무용지물이 될 수 있으니, 재능과 특기를 잘 살리는 것이 중요해요.

 범민 일기

엄마가 대학생 때 쓰던 노트북은 내 어릴 적 장난감이었다. 전원 버튼도 눌러지지 않지만 나는 키보드를 누르며 놀았다. 하지만 지금은 전혀 관심이 없다. 내 장난감 박스 안에서 잠자고 있는 **무용지물**일 뿐이다.

확장 어휘

유명무실(有名無實) : 이름만 그럴듯하고 실속이나 가치가 없음.

열 번 찍어 안 넘어가는 나무 없다

**쉽게 포기하지 않고 계속 노력하면
안 되는 일이 없음을 이르는 말.**

아무리 크고 튼튼한 나무일지라도 도끼로 여러 차례 찍으면 쓰러지고 말죠. 이처럼 몹시
어려운 일도 계속 시도하면 결국 이루어진다는 뜻이에요. 사람의 마음도 마찬가지인데요.
아무리 굳게 닫혀 있던 마음도 꾸준히 달래고 권하면 열린다는 의미로도 자주 쓰인답니다.

범민 일기

사춘기 형이 여자친구에게 고백했는데 또 차였다고 했다. 두 번이나 고백
했다고 한다. 의기소침해 보였다. 나는 형에게 그래도 쉽게 포기하지 말라
고 말해 주었다. 열 번 찍어 안 넘어가는 나무는 없다고 하지 않나.

청출어람

제자가 스승보다 더 뛰어나다.

靑	出	於	藍
푸를 청	날 출	어조사 어	쪽 람

'쪽'이라는 식물에서 뽑아낸 푸른 물감이 쪽보다 더 푸르다는 뜻이에요. 무엇이든 배움의 과정은 무척 힘들어요. 하지만 훌륭한 선생님의 가르침을 따라가다 보면 지혜와 지식을 습득하게 되고, 심지어 스승보다 더 뛰어난 제자가 될 수도 있겠죠. 자신보다 더 뛰어난 제자를 길러 낸 선생님은 얼마나 행복하실까요?

범민 일기

요즘 내가 제일 좋아하는 수업은 체스다. 체스는 규칙과 매너를 지키는 게 무척 중요하다. 지난주에는 선생님과 대국을 했는데 "범민아, **청출어람**이구나!" 라고 말씀하셨다. 나는 그게 이렇게 큰 칭찬인 줄 몰랐다.

확장
어휘

후생가외(後生可畏) : 젊고 열심히 하려는 마음이 넘쳐나는 후배는 두려워할 만함.

며칠 vs 몇 일

'몇 날'을 뜻하는 '며칠'. vs 그 달의 몇째 되는 날.

'며칠'이라는 단어는 원형을 '몇+일'로 생각하기 쉽습니다. 실제로 '몇 월'의 경우 '몇'과 '월'이 합쳐진 것이고, 그래서 '며뒬'이라고 발음하는데요. 하지만 '며칠'의 발음은 '며딜'이 아니라 '며칠'이죠. 따라서 며칠은 '몇'과 '일'의 합성어가 아니라 독립적인 단어라는 걸 알 수 있습니다.

범민 일기

며칠만 있으면 드디어 내 생일이다. 오늘은 내 선물을 사기 위해 백화점에 다녀왔다. 엄마 아빠는 청바지가 예쁘다고 추천해 줬다. 나는 빨리 집에 가고 싶어서 다 마음에 든다고 거짓말을 했다.

확장 어휘

'며칠'은 합성어가 아니기 때문에 '몇 월', '몇 분'과 달리 띄어 쓰지 않음.

밑도 끝도 없다

앞뒤의 연관 관계 없이 말을 불쑥 꺼내
갑작스럽거나 갈피를 잡을 수 없음을 이르는 말.

모든 물체에 꼭대기와 밑(아래)이 있는 것처럼, 세상 모든 일에는 시작과 끝이 있는 법이에요. 그런데 밑도 끝도 없다면 어디서 시작하고 끝나는지 갈피를 잡을 수 없겠죠? 대화하는 중에 주제와 관련 없는 이야기를 불쑥 하는 경우에 이 표현을 쓰는데요. 엉뚱하고 갈피를 잡을 수 없다는 뜻이랍니다.

범민 일기

아빠가 밑도 끝도 없이 더 이상 나와 결투를 하지 않겠다고 말했다. 내 힘이 너무 세져서 더 이상 맞아 주기 어렵다고 했다. 여덟 살 범민이가 무서워 결투를 안 해 주겠다니, 도저히 이해가 안 된다. 결투를 못 하면 무슨 놀이를 해야 할지 벌써부터 걱정이다.

확장
어휘

밑도 끝도 모른다: 어찌 된 영문인지 일의 속내를 전혀 모른다.

참새 물 먹듯

음식을 조금씩 여러 번 먹는 모양을 이르는 말.

참새를 본 적이 있나요? 과거 1990년대에는 도심 어디에서나 볼 수 있었던 작은 새인데요. 덩치도 작고 사람 발소리만 들려도 화들짝 놀랄 만큼 겁도 많습니다. 덩치가 작으니 당연히 한 번에 먹는 양도 적겠죠? "참새 물 먹듯 먹는다"는 마치 참새처럼 음식을 먹는 듯 마는 듯 적게 먹는 사람에게 사용하는 말입니다.

범민 일기

할머니는 내가 밥을 먹을 때마다 잔소리를 하신다. 어떤 날은 참새 물 먹듯 먹는다고 하고, 또 어떤 날은 밥을 먹으면서 책을 보지 말라고 하신다. 나는 내가 먹고 싶은 만큼만 먹고 싶다. 그건 내 자유기 때문이다.

확장
어휘

작수불입(勺水不入) : 음식을 조금도 먹지 못함.

콧대가 높다

**자존심이 강하고 세다, 잘난 체하고
뽐내는 태도가 있음을 이르는 말.**

늘 편안하게 어울려지는 친구가 있는가 하면, 괜히 다가가기 어려운 친구도 있는데요. 그런 친구에게 흔히 '콧대가 높다'라는 표현을 쓰죠. 하지만 꼭 콧대가 높아서 다가가기 어려워 보이는 건 아니에요. 내성적인 성격 때문에 먼저 다가오지 못하는 친구도 있답니다. 그런 친구에게는 친절하게 말을 건네며 먼저 다가가면 좋겠죠?

범민 일기

엄마는 젊었을 때 **콧대가 높았**다고 한다. 자신을 좋아하는 남자가 많았는데 별로 좋은 남자가 없었던 것이다. 그러다가 아빠를 만나서 사랑에 빠졌다고 했다. 아빠한테도 콧대가 높았으면 나는 세상에 없을 뻔했다. 엄마 코가 낮아져서 정말 다행이다.

확장
어휘

콧대를 꺾다 : 상대의 자존심을 꺾어 놓다.

발바닥에 불이 나다

바쁘게 여기저기 돌아다니는 것을 이르는 말.

아주 빠르게 달리면 숨이 찰 뿐만 아니라 발바닥에서도 열기가 올라오는 느낌이 들어요. 발바닥에 불이 난다고 느낄 만큼 부리나케 돌아다닌다면 얼마나 정신이 없겠어요? 그렇게 열정적으로 정신없이 바쁘게 여기저기를 돌아다닐 때 이 말을 사용하면 좋습니다.

범민 일기

엄마가 오랫동안 기침을 하고 있다. 독감에 걸린 뒤에 또 감기에 걸린 거다. 엄마는 낫기만 하면 발바닥에 불이 날 만큼 열심히 돌아다닐 거라고 했다. 집에만 있으니 너무 답답해서다. 아픈 엄마를 보는 건 마음이 아프다.

확장
어휘

발바닥에 털 나겠다: 가만히 앉아 편안하게만 지내거나 움직이기 싫어하는 태도를 핀잔하는 말.

금세 vs 금새

지금 바로 vs 물건의 값

'금세'는 '지금 바로'를 뜻하는 '금시에'의 준말로, 시간적 개념이에요. 혼란스러울 때는 무엇의 준말인지를 생각해 보면 기억하기 쉬워요. 한편 '금새'는 전혀 다른 뜻을 가지고 있어요. 물건의 비싸고 싼 정도, 즉 물건의 값을 나타내는 말인데요. 평소에 자주 쓰이는 단어는 아니랍니다.

범민 일기

엄마와 나는 찰떡궁합이다. 우리 둘은 닮은 점이 많아서 그런 것 같다. 나는 엄마에게 혼이 나도 기분이 금세 풀어지고, 엄마도 나에게 화가 났다가 금세 풀어진다. 우리는 단짝이다.

확장
어휘

밤새: '밤사이'의 준말. 밤세(x) / **그새**: '그사이'의 준말. 그세(x)

천우신조

하늘이 돕고 신령이 돕는다.

天	佑	神	助
하늘 천	도울 우	귀신 신	도울 조

도저히 이루어질 수 없을 것 같던 일이 때로 쉽게 이루어지기도 합니다. 저는 아나운서 시험에 합격했을 때가 그랬어요. 수천 대 일의 경쟁률을 뚫기 어렵다고 생각했는데, 덜컥 합격한 거죠. 그때 '천우신조'라는 말이 떠올랐어요. 세상의 모든 기운이 나를 도와 극적으로 이루어 냈을 때 이 말을 사용하면 됩니다.

범민 일기

포켓몬 가오레 게임을 하면서 리자몽 5성을 잡고 싶었다. 하지만 쉽지 않았다. 리자몽 5성은 잘 나오지 않기 때문이다. 그런데 어제 한 시간 동안 게임을 한 끝에 드디어 리자몽을 잡고야 말았다. 너무 신났다. 이런 게 바로 **천우신조**다. 리자몽 인형을 꼭 껴안고 자야겠다.

확장 어휘

천재일우(千載一遇) : 쉽게 경험할 수 없는 기회.

5월
19일

사공이 많으면 배가 산으로 간다

간섭하는 사람이 많으면
일이 제대로 되지 않음을 이르는 말.

뱃사공이 너무 많으면 의견이 맞지 않아서 물에 있어야 할 배가 산으로 올라가 버릴 수도 있겠죠? 여러 사람의 의견을 귀담아듣는 것도 중요하지만 주관하는 사람이 현명하게 의견을 하나로 모을 수 있어야 합니다.

범민 일기

우리 가족은 나에게 관심이 많다. 아빠는 학원을 다니지 말라고 하고, 엄마는 딱 하나만 다니라고 한다. 할머니는 다니고 싶은 건 다 다니라고 한다. 사공이 많으니 결론이 안 나서 결국 내가 하고 싶은 대로 한다. 배가 잘 가고 있는 건지는 모르겠다.

좌불안석

마음이 불편해 자리에 앉아 있어도 편하지 않다.

坐	不	安	席
앉을 좌	아닐 불	편안할 안	자리 석

누워 있는 게 앉아 있을 때보다 편하고, 앉아 있는 게 서 있을 때보다 편한 건 당연한 이치입니다. 앉아 있어도 편하지 않다는 얘기는 마음 한구석에 근심과 불안이 있다는 뜻이겠죠. 불편한 마음에 이러지도 저러지도 못하고 안절부절못하는 모습을 '좌불안석'이라고 합니다. 이럴 때는 엄마나 아빠에게 도움을 청하는 게 좋아요.

범민 일기

엄마는 매일 숙제를 해야 한다고 말한다. 하지만 가끔은 숙제를 하기 싫을 때도 있다. 그럴 때면 나는 일단 놀고 밤에 숙제를 하겠다고 애원한다. 통할 리가 없다. 할 일을 다 하지 않고 놀면 좌불안석이긴 하다.

확장
어휘

가시방석: 몹시 불편한 자리.

지렁이도 밟으면 꿈틀한다

아무리 약하고 순해 보이는 사람도
함부로 대하면 가만있지 않음을 이르는 말.

상대의 말이나 행동이 기분 나빠도 참으려고 하는 사람이 있어요. 그건 좋은 분위기를 해치지 않으려는 것일 뿐 화가 나지 않은 것은 아니에요. 아무리 착하고 얌전해 보이는 친구라도 계속 놀린다면 머리끝까지 화가 난 친구의 모습을 보게 될 거예요.

범민 일기

유주 누나는 사춘기다. 나를 보고 인사도 안 하고 내가 묻는 말에 까칠하게 대답한다. 참다못해 나도 누나를 보고 쌩 지나쳤다. 그랬더니 당황한 누나가 먼저 와서 말을 걸었다. 지렁이도 밟으면 꿈틀한다는 걸 보여 줬다.

하룻강아지 범 무서운 줄 모른다

상대가 되지 않는 사람에게
철없이 함부로 덤비는 것을 이르는 말.

하룻강아지는 경험이 적은 초보자나 여리고 약한 사람을 비유한 말이에요. 갓 태어난 새끼 강아지가 무서운 호랑이에게 겁 없이 덤비는 무모함과 어리석음을 의미합니다. 일곱 살 어린이가 열일곱 살 형에게 도전하는 것처럼요.

범민 일기

이제 중학생이 되는 사촌 형에게 팔씨름을 하자고 했다. 나는 태권도처럼 기합을 넣었다. 형은 아무런 준비도 하지 않았다. 나의 완패다. 속상해하는 나에게 형이 말했다. "하룻강아지 범 무서운 줄 모르는군!"

선견지명

미래에 벌어질 일을 미리 예측하는 뛰어난 지혜.

先	見	之	明
먼저 선	볼 견	갈 지	밝을 명

영화에서 미래를 점치는 능력과는 조금 달라요. 지금의 상황을 잘 분석해 미래에 일어날 수 있는 일을 예측하는 지혜로움을 말하죠. 우리 사회에도 선견지명이 있는 사람이 많은데요. 다양한 분야를 공부하고 경험했기 때문에 어떤 일을 깊이 이해하고 날카롭게 분석해서 미래에는 어떻게 될지 예측할 수 있는 것이죠.

범민 일기

우리 할머니는 엄청난 능력이 있다. 내가 놀고 있을 때 곧 넘어질 것인지, 울 것인지, 화를 낼 것인지 예상하고 기가 막히게 맞힌다. 오래 사셨기 때문에 나에게는 없는 선견지명이 있는 걸까?

확장
어휘

혜안(慧眼) : 사물의 본질을 잘 알고 판단하는 안목과 지혜.

바늘 도둑이 소도둑 된다

**사소한 나쁜 짓도 자꾸 저지르면
돌이킬 수 없는 큰 잘못으로 이어짐을 이르는 말.**

나쁜 짓은 아예 시작을 하지 않는 게 좋습니다. 자꾸 하면 버릇이 되어 잘못인 줄도 모를 만큼 무뎌지기 때문이죠. 식탁에 있는 100원을 아무 말 없이 가져가는 게 습관이 되면 더 큰 돈을 훔치게 될 수 있습니다. 땅에 떨어진 것도 내 것이 아니라면 손대지 말아야 합니다.

범민 일기

아빠가 나에게 고백한 적이 있다. 어렸을 때 오락을 하려고 할머니 돈 200원을 훔쳤다고 했다. 범인을 알아내려던 할머니의 미끼에 걸려 아빠는 그날 크게 혼났다고 한다. 그래도 할머니에게 걸려서 다행이다. 바늘 도둑이 소도둑 될 뻔했던 위기의 순간이었다.

십중팔구

열 개 중 여덟 개 또는 아홉 개 정도로 대부분이거나 틀림없다.

十	中	八	九
열 십	가운데 중	여덟 팔	아홉 구

짐작이 틀림없다고 굳게 믿거나 확신이 매우 클 때 쓰는 표현이에요. 열 가운데 여덟이나 아홉, 즉 거의 대부분이 그러하다는 의미로 자주 쓰이죠. 아마도 이 책을 읽고 있는 친구들 중 십중팔구는 이 표현을 한 번쯤 들어봤을 거예요. 자주 사용하는 표현이니 잘 기억해 두세요.

 범민 일기

"지금 뭐 해?" 하고 물으면 사람마다 대부분 답이 정해져 있는 것 같다. 아빠는 "일해", 할머니는 "텔레비전 봐", 이모는 "쉬고 있어", 형은 "학원 가"라고 대답한다. 십중팔구다.

확장
어휘

대다수(大多數) : 거의 모두 다.

잠갔다 vs 잠궜다

'열리지 않도록 한다'라는 뜻의 '잠그다'와 과거형 '잠갔다'.

'잠그다'는 여닫는 물건을 열지 못하도록 자물쇠를 채우거나 물, 가스 따위가 흘러나오지 못하도록 차단한다는 뜻이에요. '잠갔다'는 어간 '잠그'에 과거형 어미 '았'이 붙으면서 '으'가 탈락한 것이죠. 그래서 '잠그다'의 과거형은 '잠갔다'입니다. '잠궜다'는 잘못된 표현이에요.

범민 일기

아빠가 나랑 놀다가 지친다고 방으로 숨었다. 그리고 방문을 잠가 버렸다. 나는 화가 나서 방문을 쿵쿵 두드렸지만 아빠는 제발 10분만 쉬게 해 달라고 했다. 화가 났지만 아빠도 안됐다는 생각이 들었다. 아빠는 너무 늙었다.

확장
어휘

잠그다는 '옷을 입고 단추를 끼우다', '입을 다물다'라는 뜻으로도 쓰임.

입만 아프다

**열심히 이야기해도 상대방에게 받아들여지지 않아
보람이 없음을 이르는 말.**

아무리 말을 해도 상대가 이해하지 못하거나 받아들이지 않을 때 이 표현을
써요. "계속 말하면 뭐 해, 입만 아파!" 혹은 좋아하는 사물이나 사람에 대해
이야기할 때도 사용하는데요. 좋은 물건을 추천할 때는 "이거 엄청 좋아. 더
말하면 입만 아파"라고 말하고, 아주 좋은 친구를 소개할 때는 "걔 너무 좋
지. 말해 뭐 해. 입만 아파"라고 하기도 해요.

범민 일기

할아버지랑 이야기를 하면 내가 하는 말을 잘 이해하지 못하는 것 같다. 전
혀 다른 이야기를 하거나 할아버지가 이해하고 싶은 대로 말한다. 예전에
는 계속 설명했는데, 이제는 **입만 아파**서 그냥 "네네" 한다.

확장
어휘

입을 모으다: 여러 사람 의견을 모두 하나로 모으다.

척하면 삼천리

상대방의 의도나 돌아가는 상황을
재빠르게 알아차림을 이르는 말.

주변 돌아가는 상황이나 사람들의 의도를 다른 이보다 빨리 알아차리는 사람이 있죠? 그렇게 눈치가 빠른 사람에게 이 표현을 써요. 삼천리의 '리'는 과거 거리를 재던 단위로, 1리는 약 400미터예요. 삼천리는 '우리나라 방방곡곡'을 뜻한답니다. 그러니까 이 말은 삼천리 방방곡곡의 일을 훤히 꿰뚫고 있는 것처럼 눈치가 빠르다는 뜻이에요.

범민 일기

아빠가 엄마에게 용돈을 받고 기뻐했다. 나는 아빠가 옷이나 신발을 살 것으로 예상했다. 그건 척하면 삼천리다. 아빠 옷장에는 엄청나게 많은 옷이 있기 때문이다. 역시 예상은 빗나가지 않았다. 아빠는 또 운동화를 샀다.

확장
어휘

안명수쾌(眼明手快) : 눈치가 빠르고 일을 날쌔게 함.

다리 뻗고 자다

걱정과 고민을 잊고 마음 편하게 잠을 이르는 말.

걱정거리가 많으면 잠을 잘 이루지 못해요. 마음이 불편하면 몸을 웅크리고 뒤척이게 되죠. 잠을 잘 자는 건 큰 복 중 하나인데요. 마음의 불편함 없이 편안하게 단잠에 드는 것을 '두 다리 뻗고 잔다'라고 표현해요. 편안한 마음으로 근심 걱정 없이 잠드는 건 정말 행복한 일이에요.

범민 일기

제주도에 있는 집들은 대문이 없다. 누구든지 들어와 집을 살펴볼 수 있는 전통이라고 했다. 나는 사실 그게 조금 무서웠다. 집으로 돌아와 현관문을 꼭꼭 잠그고 자니 그제야 다리를 쭉 뻗고 잘 수 있었다.

확장
어휘

안온무사(安穩無事) : 조용하고 편안하게 아무 일 없이 지냄.

손 씻다(털다)

부정적인 일과의 관계를 끊는다는 말.

나쁜 행동을 해 온 사람이 그동안 하던 찜찜한 일에 대해 반성하고 나쁜 것과의 관계를 끊겠다고 선언할 때 사용하는 말이에요. 앞으로는 성실하고 정직하게 살겠다는 선언이기도 하죠. 나쁜 일, 부정적인 일을 모두 멈추고 다시는 반복하지 않겠다는 의미로 자주 쓰입니다.

범민 일기

아빠가 보는 드라마를 봤다. 범죄 조직의 두목이 나왔다. 두목이 나쁜 짓을 해서 감옥에 들어갔다. 그런데 감옥에서 나온 다음부터는 스님 복장인 게 아닌가. 아빠가 말했다. "이제 손 씻고 착실히 살려나 보다." 나는 놀랐다. 두목에서 스님이라니! 잊지 못할 파격 변신이다.

확장
어휘

손 떼다: 마음이 돌아서서 하던 일을 중간에 그만두다.

웬만하면 vs 왠만하면

'가능하다면' 또는 '보통의 경우라면'을 의미하는 '웬만하면'.

'웬만하면'은 '정도나 형편이 보통에 가깝거나 그보다 약간 낫다'를 의미하는 '웬만하다'에서 나왔어요. 따라서 '왠만하면'은 잘못된 표기입니다. 예전에 저녁이면 우리 가족 모두 텔레비전을 틀고 기다리는 시트콤이 있었어요. 제목이 '웬만해선 그들을 막을 수 없다'였죠.

범민 일기

긴 머리를 잘랐다. 그런데 왠지 머리가 마음에 들지 않았다. 바가지를 쓴 것처럼 보인다. 웬만하면 신경을 쓰지 않는데, 나를 보고 웃는 엄마가 원망스러워서 울어 버렸다.

확장
어휘

'웬일', '웬 떡', '웬만큼'은 모두 '왠'이 아닌 '웬'을 씀.

임전무퇴

싸움에 임해 물러서지 않는다.

臨	戰	無	退
임할 임	싸움 전	없을 무	물러날 퇴

신라 시대 화랑의 다섯 가지 계율인 세속오계 중 하나예요. 화랑은 주로 전쟁이나 외교에 큰 공을 세웠는데, '임전무퇴'는 전쟁에 나가서 물러서지 않는다는 의미를 담고 있어요. 용감하고 대담하게 끝까지 전투에 임하는 자세를 이르는 말이죠. 어려운 일에 맞닥뜨리더라도 끝까지 포기하지 않는 강인한 정신을 의미해요.

범민 일기

골든골은 임전무퇴 정신에서 나온다. 코치님이 3분 남았다고 알리는 순간부터 나는 임전무퇴 자세로 축구를 한다. 골을 넣을 때도 있고 못 넣을 때도 있지만 중요한 건 '꺾이지 않는 마음'이다.

확장 어휘

사군이충(事君以忠) : 충심을 다해 임금을 섬김.

밑 빠진 독에 물 붓기

아무리 애써 하더라도 보람이 없거나
아무리 돈을 벌어도 항상 모자라는 상황을 이르는 말.

밑 빠진 독에는 물을 부어도 차지 않겠죠? 노력과 시간을 들여도 보람이 없을 때 쓰는 표현이에요. 공부를 아무리 열심히 해도 성적이 오르지 않으면 속상한 마음에 이런 말을 하게 되죠. "매일 열심히 해 봐야 밑 빠진 독에 물 붓기야!"

범민 일기

아빠는 구두가 많다. 안경은 더 많다. 옷 방에는 거의 다 아빠 물건이다. 그러니 돈이 없는 것이다. 그래서 우리 집은 아무리 돈을 모아 봐야 **밑 빠진 독에 물 붓기**다.

대기만성

크게 될 사람은 늦게 이루어진다.

大	器	晚	成
큰 대	그릇 기	늦을 만	이룰 성

사람의 능력은 모두 제각각입니다. 내용도 다양하고 발휘되는 시기도 다 다릅죠. 그렇기 때문에 조금 빠른 성취와 성공에 예민하게 반응할 필요가 없습니다. 내 속도가 좀 느리다면 '대기만성'을 떠올리면 됩니다. 작은 간장 종지를 채우는 건 금방이지만 큰 그릇일수록 가득 채우는 데 오랜 시간이 걸리는 법이니까요.

범민 일기

아빠는 어릴 때 공부를 잘하지 못했다고 한다. 큰아빠는 늘 1등이었는데 말이다. 하지만 아빠는 MBC에 들어가고 나서 큰아빠보다 유명해졌다면서, 자신이 **대기만성**형이라고 자랑했다. 어이가 없다. 나는 큰아빠처럼 컴퓨터 회사 사장이 되는 게 꿈이다.

확장 어휘

칠전팔기(七顚八起) : 여러 번 실패해도 포기하지 않고 계속 노력함.

5월
27일

콩으로 메주를 쑨다 해도
곧이듣지 않는다

거짓말을 자주 하면 참말을 해도
믿어 주지 않음을 이르는 말.

메주는 콩으로 만들어요. 그러니 콩으로 메주를 쑨다는 것은 당연한 이야기죠. 하지만 이렇게 당연한 이야기도 거짓말을 자주 하는 사람이 하면 누구도 믿어 주지 않는답니다.

범민 일기

우리 아빠의 장점은 약속을 잘 지킨다는 거다. 나와 한 약속은 아무리 늦은 밤이어도 꼭 지킨다. 아빠가 약속을 안 지키는 사람이었다면 아무리 콩으로 메주를 쑨다고 진실을 말해도 내가 믿지 않았을 거다.

떡 줄 사람은 꿈도 안 꾸는데
김칫국부터 마신다

상대방은 생각도 하지 않는데
미리 넘겨짚어 혼자 기대함을 이르는 말.

요즘은 유치원부터 휴대전화를 가지고 다니는 친구가 많아요. 범민이도 휴대전화를 갖고 싶어 하기에 나중에 더 크면 사 주겠다고 약속을 했습니다. 그런데 범민이는 초등학교 2학년이 되는 날 엄마가 휴대전화를 사 줄 거라 믿고 있더군요. 이럴 때 이 표현을 쓸 수 있겠죠?

범민 일기

아빠에게 편지를 쓰고 있었다. 포켓몬 게임을 하러 가자고 적고 있었을 뿐인데, 아빠는 이미 너무 기뻐하고 있었다. 당황스러웠다. 사랑 고백이라도 하는 줄 알았나 보다. 떡 줄 사람은 꿈도 안 꾸는데 김칫국부터 마시다니!

소탐대실

작은 것에 욕심을 내다가 큰 것을 잃는다.

小	貪	大	失
작을 소	탐할 탐	큰 대	잃을 실

군것질을 좋아해서 매일 단것을 먹다 보면 살이 찌고 건강이 나빠져요. 건강이 중요하다는 걸 모르지는 않지만 당장에 티가 나지 않기 때문에 그 소중함을 쉽게 잊어버리곤 하죠. 이처럼 눈앞의 즐거움을 좇다가 진짜 중요한 걸 잃을 때 '소탐대실'이라는 표현을 써요. 소탐대실하지 않기 위해서는 진짜 중요한 게 무엇인지 늘 고민해야 되겠죠?

범민 일기

엄마의 필라테스 운동을 따라갔다. 운동 선생님이 엄마에게 정말 힘든 동작을 시키셨다. "한 번 더!", "조금 더!"라고 외칠 때마다 엄마는 죽을힘을 다했다. 아무리 살을 빼는 것도 좋지만 저러다 **소탐대실**하는 건 아닌지 걱정이 된다.

확장 어휘

빈대 잡으려다 초가삼간 태운다: 크게 손해 볼 것을 생각하지 않고 당장의 불편을 없애려고 그저 덤비기만 한다.

구슬이 서 말이라도 꿰어야 보배

아무리 좋은 것도 쓸모 있게 만들어야
비로소 가치가 생긴다는 말.

저는 책을 사 모으는 취미가 있습니다. 그렇다고 모든 책을 다 읽지는 못해요. 책장에 고이 모셔만 두는 경우도 많죠. 특별하고 좋은 책을 많이 모았지만 책은 읽어야 가치가 있는 것인데… 부끄러운 고백이네요.

 범민 일기

할머니가 홈쇼핑을 보면서 죽 만드는 기계와 채칼을 주문하셨다. 쉽게 호박죽을 만들고, 채소 부침개도 빠르게 만들 수 있는 특별한 기계라고 했다. 하지만 아직 기계를 쓰는 걸 본 적이 없다. 구슬이 서 말이라도 꿰어야 보배인데, 언제 쓰시려는지 모르겠다.

수수방관

어떤 일에 끼어들지 않고 그대로 바라보고만 있다.

袖	手	傍	觀
소매 수	손 수	곁 방	볼 관

'팔짱을 끼고 무심하게 지켜본다'라는 뜻이에요. 적극적으로 참견하거나 끼어들지 않고 그저 곁에서 구경만 한다는 것인데요. 괜히 참견했다가 자신에게 피해가 미칠까 봐 주저하거나 정말 관심이 없어서 그럴 수도 있죠. 그러나 좋지 않은 상황에서 누군가가 끼어들어 더 심각한 상황이 되지 않도록 막아 줄 수도 있어요.

범민 일기

엄마는 한 번 화가 나면 정말 무섭다. 브레이크 없이 달린다. 예전에는 엄마에게 혼이 나고 있으면 아빠가 들어와서 나를 도와줬는데, 요즘은 **수수방관**이다. 왜 그러냐고 물으니, 내가 잘못한 게 확실해서라고 한다.

확장
어휘

방관자(傍觀者) : 직접 나서지 않고 곁에서 지켜보기만 하는 사람.

건드리다 vs 건들이다

'조금 움직일 만큼 아주 살짝 만지다'라는 뜻의 '건드리다'.

'건드리다'는 가볍게 손을 대거나 무엇을 살짝 만진다는 뜻입니다. 발음이 같아 '건들이다'로 잘못 쓰기 쉬운데요. 이는 잘못된 표기예요. '건드리다'의 준말이 '건들다'라는 걸 기억하면 좋아요. "왜 내 신경을 건드려?"처럼 '기분을 나쁘게 만들다'라는 뜻으로도 사용해요.

범민 일기

'슈퍼 마리오' 게임의 마지막 판까지 왔다. 이제 쿠퍼만 무찌르면 끝을 깨는 것이다. 쿠퍼는 정말 강력했다. 나는 30분 동안 계속 쿠퍼를 이기지 못했다. 하지만 나를 잘못 건드린 것이다. 나는 쿠퍼를 무찌르고 말 것이다.

확장
어휘

무너뜨리다 vs 무너트리다: 쌓여 있거나 서 있는 것을 허물어 내려앉게 하다.
둘 다(ㅇ)

도마 위에 오르다

다른 사람들에게 비판받는 대상이 됨을 이르는 말.

도마는 부엌에서 재료를 다듬는 데 쓰는 도구예요. 칼로 재료를 먹기 좋게 썰거나 다질 때 도마를 밑에 받치죠. '도마 위에 오르다'라는 표현은 사람들에게 비판의 대상이 되어 이리저리 파헤쳐진다는 뜻이에요. 그 과정에서 욕이나 비난도 오가고요. 사람이 도마 위의 재료가 되는 것과 같은 상황이죠.

범민 일기

우리나라처럼 대통령을 투표로 뽑는 것과 북한처럼 세습되는 것 중에 무엇이 더 나은 걸까에 대해 아빠와 이야기를 나눴다. 우리나라 지도자들을 한 명 한 명 도마 위에 올려 토론도 했다. 모두 장단점이 있었다.

확장
어휘

입살(이) 세다: 하는 말이 거칠고 사납다.

8월
2일

손꼽히다

여럿 중에 다섯 손가락에 들 만큼 뛰어남을 이르는 말.

많은 사람 가운데 다섯 손가락 안에 꼽힐 만큼 뛰어나다는 의미예요. 조금 잘하는 정도가 아니라 남보다 두드러지게 뛰어나거나 유명하다는 표현이죠. 예를 들어, "이곳 풍경은 세계에서 손꼽히지"라는 말은 세계에 몇 없는 훌륭한 풍경을 자랑하는 곳이라는 말이에요. 굉장한 칭찬이고 인정의 표현입니다.

범민 일기

우리 동네에는 병원이 많은데, 나는 아플 때 꼭 가는 병원이 있다. 그 병원 원장선생님이 가장 친절하고 잘 치료해 주신다. 우리 동네에서 손꼽히는 병원이다.

확장
어휘

압권(壓卷)이다 : 무리 중에 가장 뛰어나다.

찬물을 끼얹다

잘되어 가는 일에 트집을 잡아 분위기를 망침을 이르는 말.

어떤 모임의 분위기가 한껏 올라와 있는데 갑자기 찬물을 끼얹으면 어떻게 될까요? 차게 식어 버리겠죠. 이처럼 어떤 말이나 행동으로 화기애애한 분위기를 어색하게 만들었을 때 이 표현을 사용해요. 모두가 찬성해 일이 일사천리로 진행되는 분위기였는데, 누군가 불쑥 반대해 모두의 기운을 뺐을 때 적절한 표현이겠죠?

범민 일기

이모의 생일을 맞아 다 같이 외식 메뉴를 고르고 있었다. 갈비를 먹으러 가자고 만장일치로 결정했는데, 나는 정말 외식을 하고 싶지 않았다. 그래서 집에서 피자를 시켜 먹자고 졸랐다. 내가 찬물을 끼얹은 것을 인정한다.

확장
어휘

초를 치다: 한창 잘되고 있는 일에 훼방을 놓아 일이 잘못되게 만들다.

허리띠를 졸라매다

검소하게 생활하는 것을 이르는 말.

과거에 많은 전쟁을 치른 우리 조상들은 밥을 굶는 일이 많았어요. 그래서 허리띠를 졸라매 배고픔을 조금이라도 더 견디고자 했죠. '허리띠를 졸라매다'는 이처럼 '배고픔을 참다'라는 의미인데, 오늘날에는 '먹고 싶은 것이나 사고 싶은 것을 참으며 검소하게 생활하다' 혹은 '마음먹은 일을 이루기 위해 굳게 결심하고 일을 시작하다'라는 뜻이 되었어요.

범민 일기

어쩌다 보니 다니는 학원이 여러 곳이 되었다. 엄마가 꼭 다니고 싶은 한 곳만 선택하라고 했다. 한 곳만 고르라니! 일생일대의 고민 중이다. 아무래도 우리 집이 허리띠를 졸라매려고 하나 보다. 쇼핑을 줄이는 게 낫지 않을까?

확장
어휘

절검지심(節儉之心) : 절약하고 검소하게 생활하는 마음.

6월

8월

왠지 vs 웬지

'왜 그런지 모르게'를 뜻하는 '왠지'.

'왜인지'의 준말은 '왠지'입니다. '웬지'는 틀린 표기예요. '어찌 된'을 뜻하는 '웬'은 다음에 나올 명사를 꾸며 주는 역할을 하죠. '웬 돈이야?', '웬 떡이야?'처럼요. 소리는 같지만 의미와 쓰임이 달라 자주 헷갈리는데요. 이유와 관련이 있을 때는 '왠지'를 쓰고, 명사 앞에서 '어찌 된'을 뜻하면 '웬'을 쓰면 됩니다.

범민 일기

오늘은 왠지 기분이 좋지 않다. 화가 나는 일도 없고 딱히 속상한 일도 없는데 그렇다. 엄마는 자기 기분을 잘 모르는 날도 있는 것이라고 했다. 이런 게 사춘기라는 건가?

확장 어휘

예) 그게 **왠지** 알아? (왜인지) / **웬** 걱정이야? (어찌 된)

토사구팽

필요할 때는 쓰고 쓸모없어지면 야박하게 버린다.

兎	死	狗	烹
토끼 토	죽을 사	개 구	삶을 팽

'토끼가 죽으면 사냥개를 삶아 먹는다'는 뜻이에요. 옛날 사냥꾼들은 사냥에 나설 때 사나운 개를 끌고 갔습니다. 사냥개들은 열심히 토끼 또는 사슴을 쫓아다녔지만 사냥이 끝나면 결국 배고픈 사냥꾼의 식량이 되고 말았죠. 쓸 모가 없어졌으니까요. 이처럼 필요할 때 중요하게 쓰다가 쓸모가 없어지면 야박하게 버리는 경우를 '토사구팽'이라고 합니다.

범민 일기

어젯밤에 엄마가 나랑 놀아 주지 않았다. 책도 써야 하고 일도 해야 한다면 서 제발 오늘은 아빠랑 놀라고 했다. 엄마가 심심할 때 내가 카페도 가 주고 쇼핑도 함께 해 줬는데, 바쁘다고 이제 단소리다. 이거야말로 **토사구팽**이다.

확장
어휘

득어망전(得魚忘筌) : 목적을 이루고 나면 도움을 준 은혜와 사람을 다 잊음.

호랑이는 죽어서 가죽을 남기고
사람은 죽어서 이름을 남긴다

**살아 있는 동안 훌륭한 일을 하면 오랫동안 기억되어
빛나는 이름으로 남음을 이르는 말.**

우리가 배우는 역사 속 인물들은 살아 있는 동안 세상에 도움이 되는 일을 한 분들이에요.
그런 분들의 이름은 수십 년, 수백 년이 지나도 사람들의 가슴에 오랫동안 기억되는 법이죠.

나도 훌륭한
사람이 되어
이름을 남길
거야!

범민 일기

나는 좋아하는 위인이 많다. 특히 슈바이처와 정약용을 존경한다. 나의 꿈
은 사람을 살린 슈바이처와 조선의 과학자 정약용처럼 위인전에 내 이름을
남기는 것이다. 하지만 엄마는 그건 편하지 않은 인생이라고 말했다.

파죽지세

대나무를 쪼개는 것처럼 적을 거침없이 물리치고 쳐들어가는 기세.

破	竹	之	勢
깨뜨릴 파	대나무 죽	갈 지	기세 세

인생에서 한두 번쯤은 정말 잘해 보고 싶은 일을 만나게 돼요. 그런 일을 할 때는 누구의 도움이 없어도 되고 열심히 하라는 잔소리도 필요 없어요. 온 마음과 정신이 집중돼 맹렬하게 돌진하게 되죠. 이런 기세를 '파죽지세'라고 해요. 여러분도 파죽지세로 집중하고픈 일을 찾게 되길 바랍니다.

범민 일기

요즘 체스 학원을 열심히 다닌다. 아빠에게 체스를 이기고 싶어서다. 여러 기술을 배워 결국 아빠에게 이겼다. 한 판도 아니고 두 판이나! 아빠는 내 실력을 파죽지세라고 했다. 더 열심히 연습해서 아빠를 계속 이길 거다.

확장 어휘

세여파죽(勢如破竹) : 기세가 맹렬해 감히 맞서 겨룰 적이 없음.

잘되면 제 탓, 못되면 조상 탓

일이 안 될 때 자기 잘못에 대한 반성은 없고
남 탓만 하는 이기적인 태도를 이르는 말.

"고마워", "미안해"라는 말을 잘할수록 더 멋진 사람이 될 수 있어요. 다 함께 하는 피구 경기에서 좋은 결과가 나왔을 때 "봤지? 내 덕분에 이긴 거야" 대신 "고마워, 네 덕분이야"라고 말한다면 정말 멋진 어른으로 성장할 수 있다고 확신해요.

범민 일기

엄마에게 혼이 났다. 엄마와 내가 한 팀으로 아빠와 알까기를 했는데, 졌다. 나는 엄마 때문이라고 울면서 화를 냈다. 엄마와 팀을 해서 이긴 적도 있었는데… 잘되면 제 탓, 못되면 조상 탓을 한 셈이다. 인정한다.

굼벵이도 구르는 재주가 있다

아무리 능력이 없어 보이는 사람이라도
누구나 한 가지 재주는 가지고 있음을 이르는 말.

공부나 운동을 못 한다고 의기소침할 필요 없어요. 사람마다 잘할 수 있는 것이 다 다를 뿐, 누구나 특별한 재능 한 가지씩은 갖고 태어나니까요. 아직 발견하지 못했을 뿐, 여러분 안에는 이미 여러 가지 가능성이 존재하고 있답니다.

News

굼벵이, 굴러서 세계 육상 기록 달성!!

범민 일기

아빠는 요리를 못 한다. 하지만 스테이크 굽는 것만큼은 선수다. 나는 아빠가 구워 준 고기가 세상에서 제일 맛있다. 겉은 바삭하고 육즙이 살아 있다. 굼벵이도 구르는 재주가 있다더니, 아빠에겐 이게 재주였던 거다.

우왕좌왕

이러저리 왔다 갔다 하며 일이나 방향을 잡지 못하다.

右	往	左	往
오른 우	갈 왕	왼 좌	갈 왕

오른쪽으로 왔다 왼쪽으로 갔다 하면서 갈피를 잡지 못할 때 이 표현을 씁니다. 부정적인 의미로 쓰이는 말이지만 인생을 살다 보면 우왕좌왕하게 되는 경우가 생각보다 많은데요. 그럴 때 자책하지 말았으면 해요. 어른이 되기 위해 누구나 겪는 과정이니 자연스럽게 받아들이면 좋겠습니다.

범민 일기

아빠 엄마와 함께 코엑스에 갔다. 포켓몬 게임을 하기 위해서다. 한시라도 빨리 게임을 하고 싶었는데, 아빠는 긴 시간 동안 여기저기를 헤맸다. 정말 화가 많이 났다. 내 게임 시간을 빼앗아 간 아빠가 미웠다. 우왕좌왕했던 아빠를 용서하지 않을 것이다.

확장
어휘

갈팡질팡: 방향을 잡지 못하고 이리저리 헤매는 모양.

도토리 키 재기

**별 차이가 없는 사람끼리
서로 다툼을 이르는 말.**

고만고만한 사람들끼리 다투고 비교해 봐야 별 차이가 없다는 말이에요. 시험에서 20등을 한 친구가 21등에게 "내가 이겼다!"라고 거들먹거리면 지켜보던 1등 한 친구가 "도토리 키 재기 하고 있네!"라고 말할 수 있겠죠?

범민 일기

사촌 형의 키가 많이 컸다. 할머니랑 거의 비슷해 보여서 나란히 세우고 키를 쟀다. 서로 자기가 더 크다고 우기는데, 내가 이때다 싶어서 외쳤다. "도토리 키 재기예요!"

입신양명

출세하여 이름을 세상에 널리 알리다.

立	身	揚	名
설 립	몸 신	날릴 양	이름 명

예전에는 출세하기 위해 공부를 하는 경우가 무척 많았습니다. '출세(出世)' 란 사회생활을 하면서 높은 자리까지 올라간다는 뜻이고요. 그렇게 세상에 서 인정받고 유명해지는 걸 '입신양명'했다고 말합니다. 하지만 출세만을 강 조하는 시대는 이미 지나갔습니다. 입신양명을 넘어 공부하는 이유를 스스 로 찾을 수 있다면 더 바랄 게 없겠죠?

범민 일기

나의 꿈은 미국, 영국, 일본, 한국에 나의 회사를 세우는 것이다. 빌 게이츠 같은 사람이 되어 컴퓨터 회사로 성공하는 꿈을 매일 꾼다. 어려운 친구들 이 공부할 수 있도록 도와줄 것이다. **입신양명**해 위인전에 나오는 상상을 하면 어려운 공부도 참을 수 있다.

확장
어휘

금의환향(錦衣還鄕) : 크게 성공해 사람들의 환영을 받으며 고향에 돌아옴.

7월
27일

안 되나요 vs 안 돼나요

'돼'는 '되어'의 준말이므로 '안 되나요'가 맞는 표기.

'되'는 동사 '되다'의 어간이고 '돼'는 '되어'의 준말입니다. '돼'가 쓰이는 표현에는 '되어'를 넣어도 아무 문제가 없는데요. '안 되나요'의 경우로 살펴보겠습니다. '되어'를 넣으면 '안 되어나요?'가 되는데, 들어 보지 못한 표현이죠? 이 경우에는 '안 되나요'가 맞는 표기입니다.

 범민 일기

어제는 정말 공부가 하고 싶지 않았다. 옆에서 문제를 읽어 주는 아빠 목소리까지 듣기 싫을 정도였다. 아빠에게 말했다. "아빠, 오늘은 그만하면 안 되나요?", "물론 그래도 돼!" 나는 눈물이 났다. 이건 감동의 눈물이다.

확장
어휘

"그래도 돼"처럼 문장 끝에 쓸 때는 언제나 '돼'를 사용함.

귀가 따갑다

듣기에 괴로움을 이르는 말.

살을 찌르는 듯 아픈 느낌이 있을 때 우리는 '따갑다'라고 해요. 그러므로 '귀가 따갑다'라는 말은 '소리가 커서 듣기 힘들다' 혹은 '싫은 말을 너무 여러 번 들어서 고통스럽다'라는 뜻이 되겠죠. 부모님이 계속해서 잔소리를 할 때 혹은 친구가 너무 큰 목소리로 말할 때 사용하기 적당한 표현입니다.

범민 일기

우리 집은 매일 아침이 전쟁이다. 나는 더 자려고 하고 엄마 아빠는 날 깨우려 하기 때문이다. 가장 힘든 건 아빠의 노래다. "아침이다~ 일어나자!"라는 아빠의 꽥꽥거리는 노래를 들으면 귀가 따갑다.

확장
어휘

귀를 의심하다: 믿기 어려운 이야기를 들어 잘못 들은 게 아닌가 하다.

파리 목숨이다

남에게 쉽게 죽임을 당할 만큼 보잘것없는 목숨이라는 말.

스스로를 지킬 힘이 없어 너무 쉽게 남에게 목숨을 빼앗기는 경우를 비유한 표현이에요. 파리는 파리채 하나로도 쉽게 목숨을 잃잖아요. 언제든 목숨을 빼앗길 수 있어 늘 위태로운 존재를 의미하죠. 세상에 하찮고 보잘것없는 목숨은 없지만 그만큼 불안정하다는 뜻이 담겨 있어요.

 범민 일기 할아버지는 할머니에게 혼난다. 아빠는 엄마 말에 복종한다. 왜 다들 파리 목숨처럼 사는 걸까? 나처럼 당당하게 살면 좋을 텐데.

확장
어휘

노승발검(怒蠅拔劍) : 사소한 일에 크게 화냄.

눈앞이 캄캄하다

어찌할 바를 몰라 막막함을 이르는 말.

살다 보면 이러지도 못하고 저러지도 못하는 순간이 꽤 많습니다. 수업 시작을 1분 앞두고 숙제를 하지 않은 걸 알았을 때나 시험 성적이 기대만큼 안올라 부모님에게 말이 안 나올 때가 그렇죠. 그럴 때 '눈앞이 캄캄하다'라는 표현을 사용해요. 어둠 속에 있는 듯 막막함이 전해지는 표현입니다.

범민 일기

체스에서 가장 강력한 말은 퀸이다. 퀸은 모든 방향으로 움직이며 상대편 말을 없애 버리기 때문이다. 그런 퀸을 일찍 잃으면 눈앞이 캄캄해진다. 퀸을 잘 써야 체스의 신이 될 수 있다.

확장
어휘

눈앞이 환해지다: 세상 사정을 똑똑히 알게 되다.

잔뼈가 굵다

오랫동안 한곳에서 일해 그 일에 무척 익숙함을 이르는 말.

한 직장에서 오랫동안 일하다 보면 업무가 익숙해지는 것은 물론이고 업계의 문화와 분위기도 자연스럽게 몸에 배게 되죠. 예를 들어, '패션계에서 잔뼈가 굵은 사람이다'라고 하면 그만큼 '패션 일에 능숙하고 업계에서 알아주는 전문가다'라는 뜻이에요. 그 분야의 경력과 능력을 알 수 있는 말이죠.

범민 일기

아빠는 어릴 때 게임 '버블 보블'과 '스트리트 파이터'의 신이었다고 한다. 요즘 나와 게임할 때 보면 게임계에서 잔뼈가 굵었다는 것이 확실하게 증명된다.

확장
어휘

터줏대감: 한 집단을 구성하고 있는 사람들 중 가장 오래된 사람.

이따가 vs 있다가

잠시 후에 vs 머무르다가

둘 다 문장 속에서 알맞은 의미에 맞춰 쓸 수 있어요. 발음이 같기 때문에 각각의 의미와 쓰임새를 잘 알아야 하는데요. '이따가'는 '조금 지난 후에'를 뜻하며, "조금 이따가 만나자" 등으로 쓰여요. 한편 '있다가'는 '머물다가', '존재하다가' 등의 뜻이고 "집에 있다가 놀이터에 가려고 해" 등으로 쓰이죠. 각각 시간과 공간의 개념을 담고 있어요.

범민 일기

나는 아빠의 퇴근 시간만 기다린다. 언제 오냐고 물을 때마다 아빠는 "**이따가** 집에서 보자"라고만 한다. 나는 집에 **있다가** 학원에 가야 하기 때문에 아빠와 놀 시간이 충분하지 않아 불만이다.

확장
어휘

예) 설거지는 **이따가** 해. / 하루만 더 **있다가** 가자.

인산인해

헤아릴 수 없을 만큼 많은 사람이 모인 상태.

人	山	人	海
사람 인	**뫼** 산	**사람** 인	**바다** 해

'사람이 모여 산을 이루고 바다를 이루었다'라고 할 만큼, 수없이 많은 사람이 모인 상태를 뜻해요. 공연장이나 대중교통, 놀이공원 등에 가득 찬 사람들을 보면서 이렇게 말하죠. 이제 본격적인 휴가철이 시작됐는데요. 물놀이를 즐길 수 있는 워터파크는 그야말로 인산인해를 이루겠죠?

범민 일기

나는 아무리 가고 싶은 곳이 있어도 주말에는 움직이지 않는다. 어디를 가도 인산인해를 이루기 때문이다. 많은 사람에 둘러싸여 한 발자국도 움직이기 힘들 때는 노는 것도 다 싫다. 그저 집 생각만 간절하다.

**확장
어휘**

인파(人波) : 수많은 사람.

6월

9일

윗물이 맑아야 아랫물이 맑다

**윗사람이 모범을 보여야
아랫사람도 바르게 행동함을 이르는 말.**

초등학교 고학년 선배들의 말과 행동은 후배들에게 모범이 되어야 해요. 동생들은 형, 언니들의 모습을 닮고 싶어 하거든요. 선배들의 예의 바른 행동은 자연스럽게 후배들에게 전해져 자랑스러운 학교의 전통과 문화가 완성된답니다.

 범민 일기

엄마와 아빠는 사람들에게 친절하게 인사를 한다. 그렇지만 나는 아직 부끄러울 때가 많다. 그럴 땐 고개만 살짝 숙이고 만다. 아랫물도 맑으려면 시간이 필요하다.

동문서답

질문과는 전혀 상관없는 엉뚱한 대답.

東	問	西	答
동쪽 동	물을 문	서쪽 서	대답할 답

가끔 묻는 말과는 전혀 상관없는 엉뚱한 대답을 하는 친구가 있죠? 그럴 때 이 표현을 써요. 질문을 제대로 이해하지 못해 정확한 대답을 하지 못할 때 나 묻는 사람과 입장이 달라 질문을 애써 무시하며 다르게 대답할 때도 이 렇게 말할 수 있답니다. 곤란한 질문에 동문서답으로 대답을 피하는 것도 어쩌면 현명한 선택일 수 있어요.

범민 일기

딴소리를 잘하는 친구가 있다. 분명 포켓몬에 관해 물었는데 레고 조립했 던 이야기를 하는 식으로 동문서답을 한다. 우리 엄마 아빠는 아나운서인 데, 말을 잘하기 위해서는 일단 잘 들어야 한다고 말한다. 그게 말 잘하는 비법이라고 했다.

확장 어휘

우문현답(愚問賢答) : 어리석은 질문에 대한 현명한 대답.

호미로 막을 것을 가래로 막는다

적은 힘으로도 쉽게 해결할 수 있는 일을
미리 준비하지 않아 더 어렵게 만드는 것을 이르는 말.

시험을 앞두고 매일 조금씩 공부하면 미리미리 준비가 됩니다. 그러나 그 기회를 놓치고 시험 전날 벼락치기 공부를 한다면 상상 이상의 부담이 되죠. 무엇이든 미리 준비하지 않으면 쉬운 일도 더 어렵게 처리하게 된답니다.

범민 일기

가래는 기침할 때 나오는 그 가래가 아니다. 농사를 지을 때 필요한 크고 긴 기구인데, 헷갈리면 이해가 안 되니 지금 외우자. 호미로 해결할 수 있는 일에 가래를 써야 하는 상황이 될지도 모르니까.

달면 삼키고 쓰면 뱉는다

도움이 될 때는 가까이하고
필요 없어지면 모른 척하는 것을 이르는 말.

진정한 친구라면 나에게 도움이 될 때도, 그렇지 않을 때도 곁에 있어 줘야 해요. 도움이 된다고 판단될 때는 간, 쓸개까지 내줄 듯 잘해 주다가 쓸모가 없어 보이면 곧장 외면한다면 진정한 친구라고 말할 수 없겠죠?

범민 일기 친구들과 놀이터에서 놀고 있었다. 각자 하고 싶은 걸 번갈아 하며 놀았는데 한 아이가 빠져 버렸다. 그러고는 자기가 좋아하는 걸 할 때 다시 돌아왔다. 이것이야말로 달면 삼키고 쓰면 뱉는 행동이다. 아주 이기적이다.

6월
11일

용두사미

시작은 거창하지만 끝이 보잘것없이 흐지부지되다.

龍	頭	蛇	尾
용 룡	머리 두	뱀 사	꼬리 미

새해가 시작될 때마다 거창한 계획을 세우곤 합니다. 하지만 봄이 가고 여름이 올 때쯤이면 많이 게을러져 있는 나를 발견하게 되죠. 그리고 겨울쯤이면 아무것도 한 것 없이 한 해를 보냈다는 걸 깨닫게 됩니다. 이처럼 처음에는 야단스러웠지만 끝이 좋지 않을 때 이 표현을 씁니다. 한자를 그대로 풀면 '머리는 용인데 꼬리는 뱀'이라는 뜻입니다.

범민 일기

요즘은 글쓰기를 꾸준히 잘 못 하고 있다. 엄마가 영어 공부도 시키고 학습지도 시켜서 시간이 얼마 없기 때문이다. 한 달 동안 쓴 일기가 5일에 불과했다. 이건 분명히 **용두사미**다. 엄마의 책임이 크다고 생각한다.

확장 어휘

어두육미(魚頭肉尾) : 물고기는 머리가 맛있고 짐승의 고기는 꼬리가 맛있음.

가랑비에 옷 젖는 줄 모른다

작고 사소한 것도 계속 반복되면
무시할 수 없게 됨을 이르는 말.

가늘게 내리는 가랑비도 계속 맞으면 옷이 젖지요. 그렇게 대수롭지 않은 것도 거듭되면 인생을 바꿀 만큼 큰 것이 된다는 의미예요. 하루 한 권 책을 읽는 습관이 별것 아닌 것 같지만 1년이면 365권의 책을 읽을 수 있겠죠?

 범민 일기

유튜브는 조심해야 한다. 스스로 조절할 줄 아는 능력이 없으면 해가 된다고 들었다. 재미있는 것일수록 말이다. 가랑비에 옷 젖는 줄 모르고 '5분만 더!' 하다가 30분이 되고 한 시간이 된다.

외유내강

겉으로는 부드럽고 순하게 보이지만 내면은 곧고 굳세다.

外	柔	内	剛
바깥 외	부드러울 유	안 내	굳셀 강

친구들 사이에서 유독 자신이 강하다는 티를 내는 녀석들이 있습니다. 그런 친구들일수록 목소리를 높이고 말을 함부로 하죠. 반면에 평소에는 조용하지만 자신이 정한 소신과 원칙을 묵묵히 지켜 나가는 친구들도 있습니다. 그런 친구들에게 이 표현을 써요. 여러분은 겉과 속 중 어디가 더 강한 사람이 되고 싶나요?

범민 일기

나는 강해지고 싶다. 그래서 요즘은 태권도를 배우고 있고 나중에 격투기도 배울 생각이다. 아빠는 겉만 강해서는 안 된다고, 외유내강이 중요하다고 했다. 하지만 아빠가 엄마한테 하는 걸 보면 겉도 약하고 속도 약하다. 아빠는 그런 말 할 자격이 없다.

확장
어휘

내유외강(内柔外剛) : 속은 여리고 약한데 겉모습은 냉정하고 굳세다.

7월
20일

낳다 vs 낫다

새 생명을 출산하다. vs 병이 치유되어 가다.

인간은 아기를 출산하고 동물도 새끼나 알을 낳아요. 이처럼 출산이라는 신비롭고 중요한 의미를 담고 있는 말이 '낳다'예요. 반면 '낫다'는 발음은 같지만 뜻은 달라요. 상처나 병이 회복되는 과정을 말하죠. 또는 비교할 때 더 좋거나 앞서 있다는 의미로도 쓰여요. "이 옷이 저 옷보다 더 낫다"처럼요.

범민 일기

엄마는 나를 낳고 너무 기뻐서 울었다고 했다. 아빠는 내가 태어난 날부터 담배를 끊었다고 한다. 나를 '우리 집에 온 선물'이라고 하는 걸 보니 내가 태어나서 그 전보다 모든 게 낫다는 말인가 보다.

**확장
어휘**

낮다 vs 났다: 높이나 수준이 보통에 미치지 못하는 상태. vs 사건이 발생한 상태.

머리 꼭대기에 앉다

상대방의 생각을 꿰뚫어 봄을 이르는 말.

우리는 머릿속에 있는 뇌를 통해 생각과 행동을 통제합니다. 그만큼 머리는 우리에게 중요한 신체 기관이죠. 이렇게 중요한 머리 꼭대기에 누군가 앉아 있다고 생각해 보세요. 내 생각과 행동을 다 예측하고 통제할 것 같지 않나요? 상대방의 생각과 행동이 읽힐 때 사용하는 표현입니다.

범민 일기

엄마는 내가 감추려고 했던 속마음을 알아챌 때가 많다. 분명히 나는 연기를 했는데 진실을 알고 있는 것이다. 내가 깜짝 놀라면 엄마는 이렇게 말한다. "내가 네 머리 꼭대기에 앉아 있어!" 진짜 무섭다.

확장
어휘

뛰어 봐야 부처님 손바닥: 도망쳐 봐야 크게 벗어날 수 없음.

얼굴이 피다

얼굴에 살이 오르고 건강해 보이는 모습을 이르는 말.

얼굴에 환한 빛이 돌고 기쁜 기색을 띠어 보기 좋다는 의미예요. 기분이 좋고 건강해 보인다는 인사말로 자주 사용하죠. 이처럼 우리는 얼굴과 관련된 관용어를 많이 쓰는데요. 사람을 대할 때 가장 먼저 보이는 부분이어서인지 체면이나 성격, 감정에 관한 의미가 담겨 있어요.

범민 일기

할아버지는 오랜만에 아빠를 볼 때마다 "너 얼굴이 상했다!"라고 하신다. 아빠는 피곤해서 그렇다고 대답한다. 그런데 신기하게도 아빠가 술을 먹지 않은 날은 "오늘은 얼굴이 피었구나!" 하신다. 할아버지는 아들에게 관심이 많은가보다.

확장
어휘

얼굴을 못 들다: 부끄럽고 창피해 떳떳하게 사람을 대하지 못하다.

얼굴을 비치다

사람들이 모인 자리에 모습을 드러냄을 이르는 말.

얼굴을 비친다는 건 친구들과 함께하는 모임 등에 참석한다는 뜻입니다. 친구에게 "그러지 말고 얼굴 좀 비쳐"라고 말하는 것은, 바쁜 척하지 말고 잠깐이라도 함께 어울려 놀자는 뜻이에요. 비슷한 말로 '얼굴을 내밀다'가 있어요. 혹시 몸이 안 좋다면 모임에 얼굴만 내밀고 바로 갈 수도 있겠죠?

범민 일기

토요일에는 축구 클럽에 간다. 친구들과 함께 축구를 하는 즐거운 시간이다. 하지만 엄마 아빠는 나를 데려다 놓고 얼굴 한번 비치지 않는다. 아무리 바빠도 앞으로는 내가 축구하는 모습을 봐 주면 좋겠다.

확장
어휘

얼굴을 내밀다: 모임 등에 모습을 나타내다.

허파에 바람 들다

실없이 행동하거나 지나치게 웃는 모습을 이르는 말.

혼자 별 이유 없이 지나치게 웃거나 실없는 행동을 하는 사람에게 "너, 허파에 바람 들었구나!"라고 해요. 어떤 일을 앞두고 마음이 들떠서 불안정한 모습을 보일 때도 이 표현을 사용합니다. 또 해야 할 일을 제대로 해내지 못하면서 잔뜩 허세가 들었을 때 비난과 꾸중의 의미를 담아 쓰기도 하죠.

범민 일기

고백하자면, 닌텐도 게임기가 우리 집에 온 뒤로 내 마음이 흥분되어 있다. 이유 없이 실실 웃음이 난다. 그런 나를 보고 엄마는 허파에 바람 든 사람처럼 왜 그렇게 웃어 대냐고 핀잔을 주었다.

확장
어휘

간이 뒤집혔나, 허파에 바람이 들었나: 마음이 들떠서 이유 없이 웃는 걸 꾸짖는 말.

얻다 대고 vs 어따 대고

말이나 행동을 함부로 하는 사람을 나무라는 말 '얻다 대고'.

여기에서 '얻다'는 '어디에다'의 준말입니다. "얻다 대고 큰 소리야?"라고 말하면 "어디에다 대고 큰 소리야?"를 줄여 말한 셈이죠. 십중팔구, 열 명 중여덟아홉 명이 틀릴 만큼 헷갈리는 맞춤법이니까 정확하게 기억해 두면 좋겠죠? 또 '얻다 대고'는 한 단어가 아니라 두 단어가 연결되었기 때문에 반드시 띄어 써야 해요.

범민 일기

친구가 집에 놀러 왔다. 나와 친구는 아빠를 공격하기로 했다. 우리는 힘을 합쳐 아빠를 공격했고 인형을 던졌다. 그리고 친구가 아빠 얼굴에 대고 방귀를 뀌었다. 아빠는 소리쳤다. "얻다 대고 방귀를 뀌어!" 우리의 승리였다.

**확장
어휘**

'얻다 대고'는 공식적인 상황이나 윗사람에게는 절대 사용해서는 안 됨.

어부지리

둘 사이의 갈등을 틈타 제삼자가 얻게 되는 이익.

漁	夫	之	利
고기잡을 어	사내 부	갈 지	이익 리

바닷가를 지나가던 어부가 새 한 마리를 발견했어요. 새는 조갯살을 먹기 위해 조개를 앙 물고 있었죠. 조개는 어떻게든 먹히지 않기 위해 껍데기를 꼭 다물고 있었는데요. 둘이 다투는 모습이 어부는 무척 반가웠습니다. 새와 조개를 한 번에 잡을 수 있었으니까요. 이처럼 둘 사이의 다툼으로 인해 제삼자가 이득을 보는 경우에 이 표현을 씁니다.

범민 일기

엄마와 아빠가 다퉜다. 아빠가 운전을 험하게 해서 엄마가 뭐라고 했더니 아빠가 삐친 거다. 엄마와 아빠는 싸우는 모습을 들키더니 갑자기 나한테 잘해 줬다. 나는 어부지리로 사탕과 과자, 아이스크림까지 득템했다.

확장
어휘

위연구어(爲淵驅漁) : 남 좋은 일만 시킴.

호랑이도 제 말 하면 온다

자리에 없는 사람의 이야기를
함부로 해서는 안 됨을 이르는 말.

친구들과 함께 놀다 보면 자리에 없는 사람의 이야기가 나오곤 합니다. 그럴 때일수록 할 말과 하지 말아야 할 말을 잘 가려야 하는데요. 간혹 자리에 없는 친구에 대한 예의를 잃고 험담을 하는 친구도 있습니다. 호랑이도 제 말 하면 오는 법이니, 말은 항상 조심해야 합니다.

 범민 일기

엄마에게 아빠 흉을 보고 있었다. 아빠의 비밀을 발설하고 있는데 누군가의 그림자가 보였다. 깜짝 놀라 고개를 돌려 보니 아빠가 문 앞에 서 있었다. 호랑이도 제 말 하면 오는 법이다. 십년감수했다.

온고지신

옛것을 익히고 이를 미루어 새것을 안다.

溫	故	知	新
익힐 온	옛 고	알 지	새 신

요즘은 인터넷 덕분에 정보가 넘쳐나지만 몇십 년 전만 해도 원하는 정보를 얻으려면 많은 노력이 필요했습니다. 그래서 경험 많은 어른들의 이야기를 주의 깊게 듣곤 했죠. '온고지신'은 옛것을 참고해 새로운 미래를 준비한다는 뜻입니다. 여러분 주변에 조언을 구할 만한 어른은 누가 있을지 곰곰이 생각해 보세요.

> **범민 일기**
>
> 2학년이 되고 다양한 나라의 역사, 도시 이름을 공부했다. 좋은 친구도 많이 만났다. 엄마는 나에게 그동안 배운 걸 바탕으로 멋진 학생이 되라고 했다. 그게 온고지신이라고 했다.

**확장
어휘**

신구(新舊) : 새것과 옛것.

쇠귀에 경 읽기

아무리 가르치고 일러 줘도
알아듣지 못함을 이르는 말.

소의 귀에 대고 불교의 가르침이 담긴 불경을 읽어 봐야 알아듣지 못한다는 의미예요. 배우려는 자세가 없는 사람에게는 아무리 알아듣기 쉽게 설명해도 이해할 리 없죠. 의지와 관심이 있어야 비로소 이해가 되는 법입니다.

 범민 일기 할머니에게 체스 규칙을 50번은 설명했다. 그래도 할 때마다 물어본다. 아무리 자세히 알려 줘도 이상한 규칙을 쓴다. 이럴 때 '쇠귀에 경 읽기'라는 말을 쓰나 보다.

고양이 목에 방울 달기

실제로 하지 못할 일에 대해
쓸데없이 의논하는 것을 이르는 말.

생쥐들은 고양이가 무섭습니다. 걸핏하면 생쥐를 잡아가기 때문이죠. 생쥐들은 회의를 통해 고양이 목에 방울을 달기로 결정했습니다. 그러면 고양이가 다가오는 걸 알아챌 수 있으니까요. 하지만 목숨을 걸고 고양이 목에 방울을 달 생쥐는 없었습니다. 그래서 이 말이 생겨났죠.

범민 일기 나의 계획은 초등학교 2학년 때 컴퓨터를 사는 것이다. 컴퓨터가 생기면 아빠와 주말마다 게임을 하기로 했다. 우리는 상상만으로도 행복했다. 그런데 엄마에게 어떻게 이야기를 해야 하나? 아빠와 의논해도 답이 나오지 않았다. 고양이 목에 방울 달기였다.

설상가상

눈 위에 서리가 덮이는 것처럼 좋지 않은 일이 계속 일어난다.

雪	上	加	霜
눈 설	위 상	더할 가	서리 상

살다 보면 좋지 않은 일이 몰아서 일어날 때가 있습니다. 자전거를 타다 넘어졌는데, 하필이면 길가 바위와 부딪힌 경우처럼 말이에요. 게다가 그런 날 병원 문까지 닫았다면 이 표현을 쓸 만하겠죠. 그럴 때일수록 긍정적인 마음가짐이 중요합니다. 안 좋은 일을 연달아 겪었으니 앞으로는 좋은 일만 일어날 거라고 생각하는 거죠.

범민 일기

아빠의 별명은 '느끼한 파랑 돼지'다. 살이 쪄서 돼지고 파란색 잠옷을 입어서 파랑 돼지다. 게다가 말투도 느끼하다. 그런데 요즘 아빠는 소화가 안 된다며 트림을 자주 한다. 이제 아빠의 별명은 '트림하는 느끼한 파랑 돼지'다. 이게 바로 **설상가상**인 것인가?

확장 어휘

첩첩산중(疊疊山中) : 어렵고 곤란한 일이 더해짐.

고래 싸움에 새우 등 터진다

**강한 사람들 싸움에 아무런 관계 없는
약한 사람들이 피해 보는 상황을 이르는 말.**

엄마와 아빠가 싸우면 집안 분위기가 험악해질 수밖에 없습니다. 아무 잘못 없는 우리 친구들이 엄마 아빠의 눈치를 보며 말을 아끼게 되죠. 그럴 때 이 표현을 씁니다. 어른이 고래라면 우리 친구들은 새우인 셈이죠.

범민 일기

내가 알기로 엄마 아빠는 딱 한 번밖에 싸운 적이 없다. 싸운 게 아니라 아빠가 삐친 거였다. 그날 알았다. 고래 싸움에 등 터지는 새우의 마음을.

배은망덕

남에게 입은 은혜를 저버리고 배신하는 태도가 있다.

背	恩	忘	德
배반할 배	은혜 은	잊을 망	덕 덕

부모님과 선생님부터 나에게 도움을 주는 친구들까지, 우리 주변에는 감사할 분이 많습니다. 주변 사람들에게 고마운 마음을 갖는 것도 능력이고, 그런 마음이 많을수록 우리 삶도 행복해지는데요. 그 반대가 '배은망덕'이겠죠? 은혜를 저버리고 배신하면 당장은 아닐지라도 결국 모든 죗값이 돌아온다는 걸 명심하세요.

범민 일기

아빠가 결혼식을 가는데 현금이 없다면서 내 저금통의 돈을 빌려 갔다. 그런데 아직도 갚지 않는다. 돈을 빌렸으면 고마운 줄 알아야 하는데 나한테 공부를 하라고 잔소리까지 한다. 이거야말로 **배은망덕**이다. 다시는 아빠한테 돈을 빌려주지 않을 생각이다.

**확장
어휘**

후안무치(厚顔無恥) : 잘못을 저지르고도 부끄러운 줄 모르고 뻔뻔함.

어이없다 vs 어의없다

'너무 뜻밖이어서 기가 막힌다'는 뜻의 '어이없다'.

'어이없다'는 '어처구니없다'와 같은 뜻으로, 미처 생각지 못한 일이 벌어진 것에 대한 황당한 감정을 담고 있어요. "내가 그런 실수를 하다니, 정말 어이없는 일이다"와 같이 쓰이죠. 반면 '어의'(御醫)는 옛날 궁궐 안에서 임금이나 왕족의 병을 치료하던 의원을 말해요. 따라서 '어의없다'는 없는 말입니다.

범민 일기

허준은 조선시대 어의였다. 《동의보감》을 쓴 걸로 유명하다. 이걸 기억하면 '어의없다'라고 쓰는 게 '어이없는' 일이라는 걸 알 수 있다. 자기가 기억하기 쉬운 방법으로 외우면 되는 것이다.

확장
어휘

황당(荒唐)하다 : 말이나 행동이 참되지 않고 터무니없다.

6월
20일

머리에 피도 안 말랐다

어른이 되려면 멀었다 혹은 나이가 어림을 이르는 말.

이성 친구가 생겼을 때 어른들에게 "머리에 피도 안 마른 녀석이 벌써부터 연애나 하고 말이야!"라는 말을 들어 본 적 있나요? 이 표현은 어른이 아이를 어리다고 무시할 때 주로 사용해요. 갓 태어난 아기 몸에는 피가 묻어 있는데, 머리에 묻은 피가 아직 마르지 않았다고 하니, 그만큼 어리다는 것을 강조하는 표현이에요.

범민 일기

사촌인 윤우 형이 나한테 "머리에 피도 안 말랐다"라고 말했다. 나는 그게 무슨 말이냐고 물었고, 형은 내가 어리다는 뜻이라고 했다. 맞는 말인데 기분이 좋지 않았다. 뭔가 나를 무시하는 느낌이 들었기 때문이다. 내 머리의 피는 충분히 말랐다고 생각한다.

확장
어휘

물로 보다 : 색깔이나 냄새가 없고 맛도 없는 물처럼 사람을 하찮게 보다.

바가지를 긁다

(주로 아내가 남편에게) 잔소리를 심하게 하다.

옛날에 '콜레라'라는 전염병이 유행했을 때 병을 쫓는다고 믿은 방법 중 하나가 바가지를 박박 긁어 소리를 크게 내는 것이었어요. 그때부터 이 말은 바가지를 긁을 때 나는 소리처럼 듣기 싫은 잔소리를 하는 것을 의미하게 되었는데요. 지금은 주로 아내가 남편에게 생활의 어려움 때문에 생긴 불평과 불만을 늘어놓는 걸 뜻해요.

범민 일기

〈흔한 남매〉에서 동생 에이미는 오빠인 으뜸이에게 맨날 잔소리를 하고 가르치려 한다. 나중에 알게 됐는데 에이미와 으뜸이는 실제로 결혼을 했다고 한다. 그건 그냥 잔소리가 아니라 바가지를 긁은 것이었다.

**확장
어휘**

바가지 쓰다: 물건 값을 실제 가격보다 비싸게 내 손해를 보다.

6월
21일

귀에 딱지가 앉다

같은 말을 반복해서 들어 익숙하거나 지겨움을 이르는 말.

엄마 아빠에게 "길 건널 때 조심해라", "밥은 천천히 먹어라", "게임 그만하고 공부해라" 같은 말을 자주 들었을 텐데요. 나를 걱정해 주는 마음은 알겠는데, 너무 많이 들어서 지겨울 때도 있죠? '귀에 딱지가 앉다'는 이처럼 같은 이야기가 반복될 때 사용할 수 있는 표현입니다.

범민 일기

엄마는 내가 물건을 잘 챙기지 않는다고 말한다. 마스크도 자주 잃어버리고, 책도 잘 챙겨 가지 않는다는 거다. 너무 많이 들어 귀에 딱지가 앉을 지경이다. 엄마도 휴대전화나 지갑을 깜빡하고 놓고 다니는 걸 봤다. 엄마는 내게 잔소리할 자격이 없다.

확장
어휘

귀가 뚫리다: 말을 알아듣게 되다.

눈에 흙이 들어가다

죽어서 땅에 묻히는 것을 이르는 말.

이 말은 목숨이 다해 땅에 묻히는 순간을 뜻해요. 주로 '눈에 흙이 들어가기 전에는 안 된다' 하는 식으로 많이 쓰이는데, 그만큼 무슨 수를 써서라도 그 일을 막겠다는 강한 의지를 표현하는 말입니다. 내가 죽기 전에는 절대 허락할 수 없다는 거예요. 드라마나 영화에서 주로 결혼을 반대할 때 자주 쓰는 표현이죠.

범민 일기

영화 〈예스 데이!〉에서 주인공인 엄마가 절대 허락해 주지 않는 것이 있었다. 어른 없이 위험한 곳에 가는 것이다. 엄마도 절대 안 된다고 강조했다. 마치 눈에 흙이 들어가기 전에는 허락할 수 없다는 말 같다. 그럼 포기해야 한다.

확장
어휘

눈이 맞다: 마음이 맞다, 남녀 사이에 서로 사랑하다.

통째로 vs 통채로

'나누지 않은 덩어리 전부로'를 뜻하는 '통째로'.

'통째로'의 '통째'는 '나누지 않은 덩어리 전부'를 뜻합니다. 여기서 '째'는 명사 뒤에 붙어 사용되는 접미사로 '전부'를 뜻하는데요. '뿌리째', '껍질째'를 떠올리면 됩니다. 글자 모양은 비슷하지만 '통채'는 없는 말이에요. 다만 '채'는 있는 상태 그대로를 나타냅니다. "창문을 열어 둔 채 외출을 했다"처럼 말이죠.

범민 일기

요즘 우리 가족의 디저트는 탕후루다. 밥을 먹고 나서 산책을 나가 탕후루를 사 먹는다. **통째로** 들어가 있는 토마토와 포도가 탕후루의 매력이다. 질릴 때까지 탕후루를 먹고 싶다.

확장
어휘

채우다: 공간에 사람이나 사물, 냄새 등을 가득 차게 하다. 체우다(×)

자포자기

스스로를 포기하고 돌보지 않는다.

自	暴	自	棄
스스로 자	해칠 포	스스로 자	버릴 기

사실 우리 인생에서 힘든 일은 계속됩니다. 학창 시절 공부하고 시험 보는 어려움이 있고, 사회에 나가면 또 그에 못지않은 힘든 일들이 기다리고 있죠. 그럴 때 제일 중요한 건 '자포자기하지 않는 마음'입니다. 내가 나를 포기한다면 상황이 나아질 가능성은 없을 테니까요. 늘 긍정적인 마음으로 어려움을 헤쳐 나가기를 바랍니다.

범민 일기

아빠와 자주 체스 대결을 벌인다. 나는 게임이 불리해지면 체스를 이상하게 둔다. 게임에 지면 기분이 나쁘기 때문에 일부러 지는 거다. 그러면 아빠는 어떻게 알았는지 나한테 말한다. "범민아, **자포자기**하지 말고 제대로 둬야지!" 눈치 빠른 파랑 돼지 아빠다.

확장 어휘

자화자찬(自畫自讚) : 자신이 한 일을 스스로 자랑함.

옷이 날개다

옷차림에 신경을 쓰면
사람이 더 나아 보이는 것을 이르는 말.

몸에 편안한 옷도 좋지만 어떤 옷이 나를 돋보이게 만드는지 잘 알고 입는 것도 중요해요. 깨끗하게 잘 다려진 옷은 상대에게 좋은 인상을 남깁니다. 아무리 못난 사람도 근사한 옷을 걸치면 달라 보이죠.

범민 일기

아빠가 집에서 입는 바지는 파랑색 줄무늬 반바지다. 그래서 내가 아빠를 '파랑 돼지'라고 부르는 거다. 출근을 할 때면 아빠는 파랑 바지를 벗고 멋진 옷을 입고 변신한다. 옷이 날개라는 걸 아빠를 보면 정확하게 알 수 있다.

조삼모사

눈앞의 차이만 알고 결과가 같은 것을 모르는 어리석음을 이르는 말.

朝	三	暮	四
아침 조	석 삼	저물 모	넉 사

먼 옛날 중국에 저공이라는 사람이 살았어요. 원숭이들에게 도토리 세 개를 아침에 주고 저녁에 네 개를 주겠다고 하니 원숭이들이 화를 냈어요. 그래서 반대로 아침에 네 개 주고 저녁에 세 개 주겠다고 하니 원숭이들이 환호했다는 이야기에서 유래한 말이에요. 도토리가 결국 일곱 개인 건 같은데, 아침에 많이 받는다고 좋아하는 어리석음을 뜻하는 말입니다.

범민 일기

나는 하루에 한 시간씩 공부한다. 그래야만 엄마가 놀게 해 주기 때문이다. 나는 주로 아침에 공부한다. 그래야 마음 편하게 놀 수 있다. 공부를 뒤로 미루고 먼저 놀면 뭔가 찜찜하다. 이런 것도 조삼모사라고 말할 수 있는 건가?

확장 어휘

교언영색(巧言令色) : 남의 환심을 사기 위한 교묘한 말과 예쁘게 꾸민 얼굴빛.

6월
24일

벼 이삭은 익을수록 고개를 숙인다

지식이 뛰어나고 훌륭한 사람일수록 겸손하고
남 앞에서 자기를 내세우지 않음을 이르는 말.

능력이 커질수록 사람은 교만해지기 쉬워요. 그래서 능력이 있으면서도 겸손한 사람이 더 멋있는 거죠. 제가 학교에 다닐 때 늘 1등을 하는 친구가 있었는데, 어떻게 매번 1등을 하느냐고 물으면 그저 운이 좋았다고 대답했어요. 지금 생각해도 참 멋진 친구죠.

> 너 참 멋지구나!

> 아니야, 그냥 운이 좋았어.

달리기 우승

콩쿠르 우승

수학 경시 1등

범민 일기

요즘 우리 집에서는 매일 알까기 대회가 열린다. 가족이 번갈아 가면서 1등을 하는데, 서로 자기 실력이 최고라고 한다. 고개를 숙인 벼 이삭이 없는 게 우리 집 문제다.

싼 게 비지떡

값이 싼 것은
그만큼 질이 나쁨을 이르는 말.

'비지'는 두부를 만들고 남은 찌꺼기예요. 물건을 사기 전에는 꼭 필요한지, 가격은 적당한지 등을 고려하죠. 그러나 무조건 값이 싼 것을 선택하는 건 현명한 소비가 아니에요. 지나치게 값이 싼 지우개라면 제대로 지워지지는 않고 지우개 똥만 쌓일지도 몰라요.

범민 일기

칭찬 스티커를 열 개 모으면 엄마와 마트에 간다. 장난감이건 학용품이건 원하는 걸 고를 수 있지만 가격이 비싸면 허락하지 않는다. 그럴 때 나는 이렇게 외친다. "엄마, 싼 게 비지떡이에요!"

박장대소

박수를 치며 크게 웃다.

拍	掌	大	笑
칠 박	손바닥 장	큰 대	웃을 소

'웃으면 복이 온다'라는 말이 있죠? 좋은 생각을 많이 하고, 자주 웃고, 유쾌한 감정을 주변에 전하면 긍정적인 기운이 감싸게 됩니다. 웃음 중에서도 크고 격하게 웃는 걸 '박장대소'라고 하는데요. 박수까지 쳐 가면서 깔깔 웃는 모습을 떠올려 보세요. 생각만으로도 기분이 좋아지죠? 최근에 박장대소한 기억이 있나요?

범민 일기

얼마 전에 〈흔한 남매〉 만화책을 보다가 재미있는 건배사를 배웠다. '오징어!' 라는 건배사였다. '오래오래, 징글징글하게, 어울려보자!' 어제 저녁에 밥을 먹다가 이 건배사를 외쳤다. 엄마 아빠는 박장대소하며 웃었다. 엄마 아빠랑 오래오래 어울리고 싶다.

확장 어휘

포복절도(抱腹絶倒) : 배를 안고 넘어질 정도로 크게 웃음.

등잔 밑이 어둡다

가까이 있는 것을 오히려
더 알아차리지 못함을 이르는 말.

가까이에 있는 해결책을 도리어 생각하지 못할 때 쓰는 표현이에요. 휴대전화를 손에 들고 한참 동안 찾아다닌 적이 있어요. 울리는 전화를 받아 "휴대전화를 잃어버려서 찾고 있어"라고 말하다가 상황을 파악했죠. 등잔 밑이 어두웠던 겁니다.

범민 일기

아빠가 차 키를 찾으며 돌아다녔다. 아무리 찾아도 없다면서 버스를 타겠다고 집을 나섰다. 그런데 알고 보니 아빠의 바지 주머니에 차 키가 들어 있었다고 한다. 등잔 밑이 어두운 일이 많은 아빠는, 그래서 안경을 쓰나 보다.

사면초가

매우 외롭고 곤란한 형편이나 처지.

四	面	楚	歌
넉 사	낯 면	초나라 초	노래 가

'네 방향(사면)에서 적들의 노래(초가)가 들려온다'라는 뜻이에요. 이러지도 저러지도 못하는 어려운 지경에 처해 있음을 의미하죠. 도와주는 사람 하나 없이 적에게 둘러싸여 있다면 얼마나 외롭고 힘들겠어요? 하지만 그런상황에서 침착함을 잃지 않고 정확하게 판단하면 위기를 넘길 수 있을 거예요.

 범민 일기

감기에 걸려 병원에 갔다. 의사 선생님은 열도 나고 목이 부었으니 주사를 한 대 맞으라고 하셨다. 나는 도와달라고 엄마를 쳐다보았다. 병원 선생님들과 엄마까지 모두 한마음이라 나는 **사면초가**에 빠졌다.

확장
어휘

진퇴양난(進退兩難) : 이러지도 저러지도 못하는 곤란한 상황.

껍데기 vs 껍질

겉을 싸고 있는 단단한 물질.
vs 무른 물체를 싸고 있는 단단하지 않은 물질.

두 낱말 모두 '사물의 겉을 싸고 있는 물질'을 의미해요. 그러나 각각의 특징에 따라 구분해 써야 합니다. 껍데기는 달걀이나 조개처럼 딱딱하고 단단한 물질을 말해요. 반면 껍질은 사과나 귤, 양파처럼 무른 물체를 싸고 있는 비교적 말랑말랑한 물질을 뜻합니다. 단단한지 무른지로 둘을 쉽게 구분할 수 있어요.

범민 일기

제주도에 가면 꼭 들르는 흑돼지 식당이 있다. 쫄깃하고 정말 맛있다. 사장님은 엄마 아빠에게 돼지 껍질을 서비스로 주시는데, 그 맛이 기가 막히다고 한다. 버터 맛이 난다는데, 돼지와 버터라니 상상이 안 된다.

**확장
어휘**

'돼지 껍데기'로 널리 쓰이지만 **'돼지 껍질'**이 맞는 표현.

6월
27일

꼬리에 꼬리를 물다

계속 이어지는 모습을 이르는 말.

숙제는 해도해도 끝이 없어요. 수학 숙제를 하고 나면 영어 숙제를 해야 하고, 영어 숙제를 끝내면 국어 숙제가 나옵니다. 그리고 오늘 숙제를 다 하면 내일 숙제가 우리를 기다리고 있죠. 이처럼 무언가 멈추지 않고 계속 이어질 때 '꼬리에 꼬리를 물다'라고 표현합니다. 텔레비전 프로그램 중에 '꼬리에 꼬리를 무는 그날 이야기'라는 제목도 있죠.

범민 일기

아빠와 함께 닌텐도 게임을 한다. 적을 물리치면 다음 적이 나오는 방식이다. 고생 끝에 우리는 끝판왕을 만났다. 그리고 무찔렀다. 그런데 꼬리에 꼬리를 물고 끝판왕은 계속 다시 살아났다. 결국 내가 쓰러졌다.

**확장
어휘**

꼬리가 길면 밟힌다: 나쁜 일을 아무도 모르게 해도 계속하면 언젠가는 들키고 만다.

콧방귀를 뀌다

**아니꼽거나 못마땅해서 들은 체 만 체하며
대답하지 않음을 이르는 말.**

다른 사람이 말할 때 나도 모르게 '흥!' 소리가 나며 콧바람이 나왔던 적이
있나요? 상대방의 말이 잘 납득이 되지 않거나 짐짓 무시할 때 자연스럽게
나오는 반응인데요. 이를 '콧방귀를 뀌다'라고 표현합니다. 다만 시도 때도
없이 콧방귀를 뀌면 예의 없는 사람이 될 수 있으니, 조심해야겠죠?

범민 일기

우리 할아버지는 늘 자신만만하다. 대단한 일도 아닌데 큰소리를 치고 자
기가 최고라고 말한다. 그러면 나는 **콧방귀를 뀌며** 할아버지는 마이너스
100점이라고 말해 준다. 할아버지가 조금만 작게 말하면 점수를 높여 줄
생각이다.

확장
어휘

안중무인(眼中無人) : 다른 사람을 업신여기고 무시함.

눈코 뜰 새 없다

정신을 못 차릴 만큼 무척 바쁨을 이르는 말.

시간 가는 줄 모르고 열심히 공부하거나 게임에 열중했을 때 우리는 '몰입'했다고 표현합니다. 그렇게 몰입했을 때는 숨을 쉬는지, 눈을 깜박이는지조차 인식하지 못하죠. '눈코 뜰 새 없다'도 이와 비슷합니다. 눈을 뜨고 있는지 코로 숨을 쉬는지조차 느끼지 못할 만큼 바쁠 때 사용하면 좋은 표현입니다.

 범민 일기

이번 주말에는 **눈코 뜰 새 없이** 바빴다. 우리 가족은 아침 7시에 일어나서 동네 공원을 산책하고, 읽고 싶은 책을 들고 카페에 갔다. 엄마는 일을 했고 나는 책을 읽었다. 아빠는 유튜브를 본 것 같다.

확장
어휘

다망(多忙)하다: 몹시 바쁘다.

길눈이 밝다

길을 잘 기억하고 쉽게 찾아가는 것을 이르는 말.

저는 낯선 곳에 가면 길을 헤맵니다. 여러 번 갔던 곳에서도 길을 잃은 적이 여러 번이에요. 반면 제 남편은 처음 가 본 도시에서도 쉽게 길을 찾아요. 함께 여행을 가면 큰 도움이 되죠. 가 본 길에서도 힘들어하는 저와 달리, 남편처럼 처음 가는 길도 잘 찾는 사람에게 '길눈이 밝다'라고 말합니다.

 범민 일기

제주도에서 귀신 체험을 했다. 나는 너무 무서워서 아빠한테 안겨 눈을 감았다. 엄마는 계속 소리를 질렀다. 우리를 구해 준 건 아빠였다. 귀신이 나오는데도 용감하게 나아갔다. 길눈까지 밝아 헤매지도 않았다. 처음으로 아빠가 믿음직했다.

확장
어휘

눈썰미가 있다: 한 번 보고도 그대로 해내는 재주가 있다.

재작년 vs 제작년

'지난해의 바로 전해'를 뜻하는 '재작년'.

2년 전을 뜻하는 '재작년'은 '다시', '두 번째'를 뜻하는 한자 '다시 재( )'를 사용합니다. 때문에 '제작년'이 아닌 '재작년'이 맞는 표기랍니다. 언제든 헷갈릴 수 있는 단어이기 때문에 한자를 통해 정확히 기억해 두면 좋겠죠? "재작년 이맘때에는 가족과 여행하고 있었다"와 같이 씁니다.

범민 일기

요즘에는 그리스 로마 신화를 꾸준히 읽고 있다. 여러 신이 나와 서로 다투고 화해하는 모습이 재미있다. 재작년부터 봤는데 이제 책 읽는 속도가 엄청 빨라졌다. 속도가 빨라지면 더 많은 책을 읽을 수 있다.

확장
어휘

재재작년(再再昨年) : 재작년의 전해, 3년 전.

전화위복

재앙과 근심 등 안 좋은 일이 바뀌어 오히려 상황이 더 좋아지다.

轉	禍	爲	福
구를 전	재난 화	될 위	복 복

어려운 일을 겪게 되었을 때 좌절하지 않고 노력하면 오히려 위기가 기회로 바뀌어 좋은 상황을 맞이하게 된다는 의미예요. 불행이 행복으로 바뀔 수 있으니 너무 상심하지 말라는 위로의 표현으로 자주 쓰이죠. 우리 삶은 언제나 좋은 일과 나쁜 일이 번갈아 오니, 너무 좌절하거나 자만해서는 안 된다는 깊은 뜻이 담겨 있어요.

범민 일기

할머니가 입원하셨다. 모든 가족이 많이 걱정했다. 그렇지만 검사 결과가 나쁘지 않아서 금방 퇴원하셨다. 할머니는 그 후로 운동도 더 열심히 하고 건강을 챙기셔서 오히려 전화위복이 되었다.

확장
어휘

권토중래(捲土重來) : 패배 후 다시 도전함.

말이 씨가 된다

입 밖으로 내뱉은 말이
사실이 된다는 말.

개그맨 유재석 아저씨가 부른 〈말하는 대로〉라는 노래에는 생각한 대로, 말하는 대로 꿈이 이뤄진다는 내용이 담겨 있어요. 지금 내가 하는 말이 씨가 되어 훗날 좋은 열매를 맺거나 나쁜 결과를 낳을 수 있으니, 긍정적으로 생각하고 말하는 게 중요하겠죠?

 범민 일기

사촌 형은 이제 중학생이 된다. 중2병 앞에 놓인 것이다. 그래서인지 처음 들어 보는 과격한 말을 자주 한다. 나는 조금 걱정이 된다. 말이 씨가 된다고 하던데….

금상첨화

좋은 일에 또 좋은 일이 더해지다.

錦	上	添	花
비단 금	**위** 상	**더할** 첨	**꽃** 화

'비단 위에 꽃을 더한다'라는 뜻으로, 좋은 것 위에 좋은 것이 얹혀 더 좋다는 의미예요. 운동을 잘하는데 마음까지 착하다면 금상첨화고, 유익한데 재미까지 있는 책이라면 역시 금상첨화죠. 좋은 것에 또 좋은 것이 더해져 더할 나위 없이 만족스러운 상태를 이렇게 표현합니다.

 범민 일기

라면을 먹으면서 숙제를 하는 것이 나에게는 천국이다. 맛있는 라면을 먹으면 입이 즐겁고, 머리를 쓰면서 숙제를 하면 두뇌가 좋아지는 것 같기 때문이다. 입이 행복한데 뇌도 단련되니, 나에게는 이것이 금상첨화다.

**확장
어휘**

누이 좋고 매부 좋다 : 결국 모두에게 한층 더 좋다.

7월

돌다리도 두들겨 보고 건너라

잘 아는 일이라도 꼼꼼하게 확인하고
세심하게 주의를 기울이라는 말.

아무리 자신 있고 확실한 일이어도 신중하게 확인하며 하라는 의미예요. 시험 문제를 다 풀었어도 시간이 남았다면 다시 한번 꼼꼼히 살펴보는 것이 중요한데요. 이를 통해 나도 모르게 놓친 실수를 바로잡을 수 있습니다.

범민 일기

키즈 카페에 가면 나는 친구들이 노는 걸 유심히 살펴본다. 너무 신나서 무 턱대고 놀다가는 다칠 것 같아 먼저 관찰하는 것이다. 돌다리도 두들겨 보 고 건너라고 했으니, 안전해 보이는 미끄럼틀과 그네도 두들겨 봐야 마음 이 놓인다.